校長論壇選萃

教育思想之嬗變

2020

2021

中華教育

出版説明

　　「校長論壇」是 2020 年由中華教育文化交流基金會發起主辦，由香港中華書局與香港管理學院、集古齋承辦，中國文學藝術界聯合會香港會員總會（香港文聯）、香港美協等機構協辦的文化活動品牌。其目的是面向香港的教育實踐與發展研究，以香港中小學為切入點，通過一系列論壇、講座等文化活動來弘揚中華文化，構建一個促進香港教育發展的開放性文化教育交流平台。

　　「校長論壇」主要活動形式是每月一次的主題討論，由主辦方和校方合作推出論壇主題，然後邀請相關著名專家學者與校長們和老師們一起通過線上線下分享新的教育研究學術成果、學校教育管理新觀念、新方法，特別是中國文化教育的經驗，促進學術、出版與學校之間的溝通交流，冀全面提升學校管理水準，促進香港社會的文化建設。

　　本書收錄了校長論壇 2020 至 2021 年度共十一場活動的精彩內容，包括金耀基、陳萬雄、林天行、李子建、丁新豹、林超英、梁貫成、蘇詠梅等學者與十多位校長的對談。十一場論壇主題多元，涵蓋教育理念、領導風格與學校管理、藝術教育、生命教育、家庭教育、STEM 教育、理財教育等多個範疇，回應了當今香港教育的需求，也集中反映了文化教育學術研究的新動態和新成果。

　　本書以文字的方式記錄了十一場論壇全貌。這些文字充分體現了香港當代教育者的實踐活動，凝聚了香港教育界和海內外學術界、文化界的教育研究成果，這是校長論壇選萃出版的第一輯，是校長論壇趨向成熟的一個里程碑。隨着「校長論壇」主題和活動越益廣泛和深入，相關出版物也會陸續問世，希望它可以帶給香港教育工作者一點啟發，推動本地教育進步。

目錄

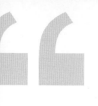

大學教育的人文價值

金耀基教授

著名社會學家、教育家。台灣中央研究院院士、香港管理學院
名譽院長、西泠印社社員，曾任香港中文大學校長。

中國人文精神與價值之特性與形態

我們今天對「人文」二字都有一種理解，似乎是不辯自明的，但事實上是不是這樣的簡單自明呢？

我們今天講解「人文」二字幾乎都會從《易經》中的「觀乎天文，以察時變；觀乎人文，以化成天下」這句話來入手。誠然，這是對中國的人文精神與價值之理解的一個切入點。《辭海》引疏之解釋：「言聖人觀察人文，則詩書禮樂之謂，當法此教而化成天下也。」毋庸諱言，這一個對人文之釋義是中國思想之主流的儒家式的詮釋。大家知道儒家的經典是《詩》、《書》、《禮》、《樂》、《易》、《春秋》（此為六經，因《樂》早佚，故今為五經）。孔子「述而不作」，他是對先民的知識加以整理潤飾，才使其成為儒家之經典，而孔子亦被公認為是中國人文思想的奠基人，也是儒家的開創者。孔子生於一個「禮樂崩壞」的時代，他則重建了「禮樂文化」。更重要的是，他在禮之外提出仁的思想。孔子心中的人文，不只是重禮樂之儀文，更在強調禮樂之內核的仁，仁是文之德，他以文德來拯救當時文弊。

孔子提出的仁，是文之德，這是界定了人之所以為人的道理。所謂「仁者，人也」，孔子之重仁、重文之德，在儒家孟子手裏，更得到強化與發揮，因而論先秦儒家之思想，孔孟齊稱。到了宋之理學，則孔孟重人與重

「文之德」之思想有了進一步的發展，而成就了重「人極」的學問。可以說，儒家正統的人文精神與價值到了一個新的高度。自孔孟到宋儒一路發展的人文思想的特性是以道德與倫理為主心的。宋大儒朱熹審定的四書之一的《大學》一書，其開卷語是「大學之道，在明明德，在親民，在止於至善」。「止於至善」是讀書人企求的終極願景，「至善」是人文價值的最高境界。《易經》上說的「化成天下」實是指「善」成為普遍化（天下）的道德與倫理文化。故儒家的「人文」可以說是一種求「善」的倫理文化。但中國的人文精神之表現也可以有與儒家之禮樂文化，與儒家以求善的內涵的倫理文化殊為不同的形態，這就是魏晉時代的玄學之審美文化。玄學是承接先秦莊子的思想而來。莊子之學，講到底，是貶人為、貴自然，講齊生死，一壽夭，尋求為西方存在主義所重的「真實的存在」，尋求解放，尋求自我、真我。真正做到「真人」、「神人」。李澤厚說：「莊子哲學並不以宗教經驗為依歸，而毋寧以其他審美態度為指向。就實質說，莊子哲學即美學。」[1]

魏晉人處於中國政治社會的衰世，對於漢魏晉間政治上的禪讓等，他們認為是一大虛偽，是假借與文飾。他們要求擺脫外在禮義之規範，有一種人之自覺意識。像莊子一樣，尋求自我的解放與自由，尋求個體的真實存在。阮籍、嵇康之非堯舜、薄湯武，以禮豈為我輩設，實是在追求自我和大解放。這種思想表現於文學、藝術上則與儒家之禮樂世界大異，是一種如唐君毅所說的「觀照、欣賞、優遊的藝術精神」，所以可看作是中國人文精神之另一種形態。[2] 這種形態可稱為人文的審美文化，它與儒家人文的倫理文化的形態在中國文化中是並立同存的。在這裏，值得一提的是，劉勰在其傳世名篇《文心雕龍》中顯示的文學之獨立性與審美價值。劉勰固然強調「文必宗經」，即以道德論文學之價值，但他實際上卻把藝術之審美觀放在宗經的道德觀之上。他對屈原的《離騷》的評價超過了《詩經》。邵耀成說：「劉勰雖

1　李澤厚：《中國古代思想史論》，北京：人民出版社，1985，頁189。
2　唐君毅：《中國人文精神之發展》，香港：人生出版社，1957，頁31。

然打着『徵聖、宗經』的旗幟，但他的《文心雕龍》中的三個篇章《原道》、《辨騷》、《神思》，卻完全顛覆了儒家『言志、教化、諷喻』的價值觀。」[3]

我們可以說，劉勰的文論有力地說明了審美文化一直是中國人文精神與價值的重要組成。審美文化也即是中國經學之外的藝術文化，它包括書法、繪畫、建築、詩詞、戲曲、小說等。新文化運動中反對、批判的中心對象是儒家的經學文化（即上面所說儒家人文倫理文化），不是中國的藝術文化。

中國百年學術文化的變向：從經學到科學

中國百年的學術文化之變向，最簡要地說，是從經學轉到了科學。我指出這是中國現代化的主旋律之一，而承擔這個變向的最主要的基地則是高等教育機構。傳統中國有「太學」。「太學」與「大學」只有一「點」之別，但太學以經學（四書五經）為核心，大學則以科學為核心，兩者在學術文化的性質上迥然有別。

自漢至清，中國的高等教育機構，不論是官學（如太學）或私學（如宋之書院），皆以四書五經為教育之核心。此與西方之中世紀大學以《聖經》為教育之核心並無二致。中國的大學是中國現代化之產物，而大學亦在中國現代化中發揮了至關緊要的功能。中國的大學（作為一種教育與學術的制度）不是經太學自上而下縱向地承接過來的，它是從西方的「現代大學」制，自西而東橫向地移植過來的。在此特應說明，中國自歐洲移植過來的大學不是西方傳統的「中世紀大學」，而是經德國大學改革後的「現代大學」。西方現代大學之所以不同於西方的中世紀大學，是因為前者以科學取代了後者八百年來以神學（《聖經》）作為教育的核心，而中國的現代大學與西方的現代大學幾乎是同步的，中國的現代大學一開始就像西方的現代大學一樣，以科學作為知識發展與教育的重心。中國之開始接受現代科學，把科學列入教育機

3　邵耀成：《文心雕龍這本書》，北京：中國社會科學出版社，2014。

構中，是在鴉片戰爭戰敗後發起洋務自強運動始。曾國藩、李鴻章的洋務自強運動，重點固是開鐵礦、製槍炮這類「以夷制夷」的軍事工業化，但亦同時設置同文館，學西文，學西方的學術，如數學、物理等「西學」。維新運動後，學習西學更有擴展，1905 年清廷頒詔「廢科舉、設學校」，自此讀書人以經學考試進入仕途之路已斷，經學從作為「中國人思想之君主」（馮友蘭語）的位置退位了，同時，西學（特別是科學）則進入新立的教育體制中心。1911 年辛亥革命後，中華民國臨時政府的教育部教育總長蔡元培頒佈了《大學令》，「規定大學以教授高深學術、養成碩學宏材、應國家需要為宗旨，廢去忠君、尊孔等封建信條。確定大學分為文、理、法、商、醫、農、工七科，以文、理二科為主，取消經學科」[4]，經學在《大學令》中被取消了。

不過，應該指出，經學在大學被退出的是它過去兩千年在太學中享有的聖典的地位，經學並沒有在中國現代大學中完全消失。事實上，經學部分的內容已被納入到大學中的「文科」中，如《周易》、《論語》、《孟子》納入到文科的哲學門，《詩經》納入到文科的文學門，《尚書》、《春秋》納入到文科的史學門。1912 年，京師大學堂正式改名為北京大學，首任校長嚴復就將經學科併入文科。從現代大學的知識結構來看，相比於各種專業科學學院（如商、醫、傳播、教育等），科學之進入大學的意義比之經學之退出大學更為重大。中國的現代大學，以文、理二科為主，亦即科學（理科）一開始就成為大學殿堂的主角，須知在傳統中國的「太學」，科學是從不存在的。在 20 世紀，從世界範圍來考察，科學獲得了史無前例的發展，而大學恰恰正是科學發展的重地。中國的大學在百年中，雖歷經外禍（日本侵華）內亂（「文化大革命」），仍從無到有，從有到多，獲得長足進步與發展。大學的教育到了今日已與國際接軌，像歐美先進國家之大學一樣，科學在中國大學中亦居於顯學的地位。在大學的知識譜系中，科學的領域不斷擴大，除自然科學外，有社會科學、應用科學（如工學院），甚至有的傳統的文科學系（如語

4　梁柱：《蔡元培與北京大學》修訂本，北京：北京大學出版社，1996。

言學、歷史學）亦從「人文學科」轉向「人文科學」或「人的科學」(Human Sciences)，大學的科學的精神氣質已滲透到大學的整個知識結構。美國社會學家帕森斯 (Talcott Parsons) 認為今天的大學（包括中國的），特別是研究型大學，已成為一「認知性的知識叢」。可以說現代大學已成科學知識的創新與教育的中心。中國的新文化運動標舉「科學」與「民主」之旗幟，百年來，德先生（民主）的命運充滿滄桑，但民主畢竟已成為中國現代政治中的一個文化理念；而賽先生（科學）的命運則好得多，科學隨現代大學之發展得到了重大的發展，並且科學作為一種文化也經大學傳播到整個社會，影響了現代中國人的思維方式、生活情狀，乃至人生觀和宇宙觀。誠然，「五四」前後人們講「新文化」，我認為中國如有新文化，那麼最突出的必是「科學文化」。這是傳統的中國文化中沒有的，無疑的，科學文化大大豐富擴大了中國文化的內涵。其實，中國百年來新開展的「科學文化」亦是構建中國現代文明的主要文化力量。

科學與人文之關係的究竟意義

　　探究科學與人文之關係，在中國傳統的文化語境中是不會出現的，我上面引《易經》對人文之定義，「言聖人觀察人文，則詩書禮樂之謂」，其中根本沒有「科學」的影子。但如今科學文化已成為中國新文化的重要組成部分，則科學與人文之關係便自然成為一個探究的題目。長年以來，在大學的知識結構中，人文學與科學形成了兩個學術羣體，二者之間隔膜多於關心，互相低視多於互相高看。1959 年，劍橋大學的斯諾爵士 (C. P. Snow) 發表了演講《兩種文化及科學革命》(*The Two Cultures and the Scientific Revolution*)。這場演講一石擊起千尺浪。斯諾本人是科學家，也是人文學者（小說家），他提出劍橋的學術文化已分裂為兩個壁壘森嚴的世界，一個是人文的，一個是科學的；他對兩種學者都有批評，他批評科學家缺少人文的修養，他更批評人文學者是 natural Luddites，亦即是對科學一無所知，對機器、科技有敵意的人。可以想見，斯諾的演講激起了劍橋人文學者利維斯 (F. R. Leavis) 的強烈抨擊，更引發了太平洋彼岸美國學術文化界的強烈反應。事實上，斯諾發表論文的時候，科學在大學（東西方大學）的地位

已經大為上升，壓倒了人文學。更確切地說，到了 20 世紀下半葉，科學在大學的知識發展中已經當陽稱尊，人文學則黯然失色。更有甚者，有些人文學者已信奉科學為知識之標杆，亦即自覺或不自覺地追隨科學，以「科學方法」研究人文課題，故我在上面提到傳統的「人文學科」轉向「人文科學」。這是說在科學的精神氣質的滲透與膨脹下，人們普遍認為只有如科學的知識才是知識，否則便沒有資格稱為知識。這是貝拉（Robert Bellah）等學者所批判的現代大學出現的「知識的科學範典」。誠然，在「知識的科學範典」下，科學已成為建立知識的標準與範典了。這意味着甚麼呢？簡單說，這強烈顯示科學在知識殿堂中的地位的上升，這不只是說科學不僅被承認是知識的一種（須知，在中西傳統的知識系統中，科學作為一種知識的觀點曾在長期內是不存在的），而且把科學與知識等同起來。這種「唯科學的知識觀」可說是「科學主義」的具體表現，在中國當代知識界也不無有之。

誠然，「唯科學的知識觀」在 20 世紀後期也淡褪了，我們今天應有一理解，知識不是單維單元的，而是多維多元的。科學是以求「真」為目的的理論知識，它與中國傳統上以求「善」為目的的倫理知識（倫理學），以及以求「美」為目的的審美知識（美學），屬於不同的知識範疇（我在 2009 年所寫《從大學之道說中國哲學之方向》一文，對此有較詳盡的論述）。[5]

講到這裏，我想試對「科學」與「人文」之關係做一疏解。我之所以有意對「科學」與「人文」之關係做一疏解，是美國一位科學家赫施巴赫（Dudley Herschbach）的一段話所引起的。赫施巴赫是哈佛大學的教授，也是 1986 年諾貝爾化學獎得主。他覺得人們對科學有極大的誤解，滿腹怨氣。他說科學家是「努力想弄懂大自然的詞彙和文法，藉此為人類謀福祉」。他認為：「科學知識是一種具有實用意義的東西，而且也是我們文化一個重要部分。」他說：

5　鄭宗義編：《中國哲學研究之新方向》，「新亞學術集刊」第 20 期，香港：香港中文大學新亞書院，2014。

事實上，科學是一種很人文的學問。一般人不理解這一點，實在是可悲可歎。我深信一千年後的人去回想我們 20 世紀的時候，一定都會帶着深深的敬意。20 世紀的很多科學發現都是影響深遠的，像沃森（J. D. Watson）和克拉克（F. H. C. Crick）所發現的 DNA 的雙螺旋結構，就深深改變了我們對「何謂人」的看法。試問，還有甚麼比這更人文的學問呢？[6]

赫施巴赫把科學看作人類文化的一個部分，把科學看作一種「很人文的學問」，我是可以認同的。就中國而言，我上面已指出，百年來科學從無到有，從有到大，在大學中得到重大發展，並且科學文化已成為中國新文化的重要組成。至於「人文」二字之意義慣指人之文化、人創造之文化（知識）。在《易經》成書之時，「詩書禮樂」便是最重要的人所創造之文化。就此內涵來說，它是儒家的禮樂文化，也是倫理文化。這也就是說，我們長久以來都以道德倫理之知識作為人文的知識。但自魏晉玄學創造審美知識後，中國的人文內涵實亦包含了審美文化。直到 20 世紀，中國才又有科學知識的建立與發展，才有了科學文化。這無疑應視為「人文」的擴大與豐富，也可以看作是中國人文精神之另一新形態。誠然，「人文」二字除了有「人創造之文化」的字義外，亦當指重人，重人之價值，重人之為人的文化精神。我們今天講「人文價值」實亦不外乎是指一切以人為中心，並以增強、豐美人之生存、生活與生命的文化價值。依此而言，科學可以是一種「很人文的學問」。對於科學是否屬於「人文」這個問題，唐君毅先生的看法是正面肯定的。他說：

> 從科學之源自人之思想而生的一方面看，我們亦明可說，無論為發展人文之人文科學思想，或是研究非人文之自然的自然科學思想，皆為人文之一部。人之所研究非人文之自然，表示人自己思想之能伸展開拓

6　Peter Costa, *Q & A: Conversations with Harvard Scholars*, Cambridge: Harvard University Press, 1991. 中文版為蔡源林等譯：《哈佛學者》，台北：立緒文化，1999。

於人自身之外，亦即表示人之思想自身之偉大，而應用科學知識，以製造器物，與建立社會秩序，亦即使人文世界，得以主宰自然世界，並使人文世界顯燦爛之條理者。[7]

　　上面我對「科學」與「人文」的關係的究竟意義，做了一些疏解。我的用意是消除二者的對立性，特別是要消除視「科學」為「反人文」的誤解。科學不但不是反人文，而且就是人文的一個組成部分。「科學」與「人文學」在大學知識殿堂中以兩種文化形態長期分隔地存在，不應也不宜視之為「科學」與「人文」的對立。嚴格地說，它們只是人文中以求「真」為目的的科學知識，與人文中以求「善」為目的的倫理知識或人文中以求「美」為目的的審美知識的自成壁壘。當然我認為這個現象是令人不舒服的，特別是見到今日大學（研究型大學）中，求真的科學知識一枝獨秀，而求善與求美的知識則相對地邊緣化了。誠然，這不是「科學」壓倒了「人文」，而是人文本身出現的重輕之失衡。

大學與中國現代文明之人文價值

　　在西方先進國家，大學已被視為是國家和社會的中心制度[8]；其實在中國，大學的重要性也越來越受到識者的共認。無疑，現代大學在 20 世紀是中國現代化的最根源的動力，但我更認為，現代大學在建構中國現代文明中扮演了關鍵性的角色。

　　大學作為一個教育人才與研發知識的制度，對中國來說，它是中國現代化的產物，同時又成為推動中國現代化的最根源性的動力。中國自 19 世紀中葉洋務自強運動展開的現代化的國之大業，歷經一百五十年，跨三個世紀其間坎坷崎嶇、艱難苦辛，非一言可盡，然黃河九曲，終歸大海，

7　唐君毅：《中國人文精神之發展》，香港：人生出版社，1957，頁42。
8　Daniel Bell, *The Cultural Contradictions of Capitalism*, New York: Basic Books, 1976, pp. 103, 198.

今日中國現代化已取得十分可觀的成就。誠然，中國現代化已使中國走向富強，而中國現代化之最顯成果，則是在於它在百年中把中國三千年的農業文明濟造為一個「工業文明」了。

「工業文明」是中國三千年「農業文明」後出現的新文明形態。這是中國現代文明的基本性格，而對於工業文明之建造，科學知識的創新與應用所做貢獻最多。工業文明不限於經濟生產，它遍及城市建設、交通、信息、醫療、生活的各個層面。所以，科學之為「人文」，實因科學不僅是關於「何謂人」的知識，也是促進人之生存與生活的素質，促進人之尊嚴與福祉，使人更能突顯「人之為人」的知識。科學是大學中以求「真」為目的的知識，是有重大人文價值的一種知識形態。應該強調的是，工業文明是，亦只應是中國現代文明的一個組成部分，中國的現代文明至少還包括政治的民主、自由與法治，社會的公平、正義與誠信，生態的健康平衡與經濟的永續發展，國家間的和平與王道精神，以及審美的藝術文化，而這些都涉及「人文價值」的知識範疇。因之，建構中國現代文明之任務除在求「真」的科學知識外，還需要上面提到的以求「善」為目的之倫理知識，和以求「美」為目的之審美知識來承擔。

講到底，中國的現代文明必應涵蓋真、善、美三個範疇，而大學知識殿堂中三種形態的知識正是以彰顯真、善、美的全幅人文價值為目的。

此文係作者就 2014 年 3 月 13 日在高雄中山大學「余光中人文講座」之演講增修而成。

精華片段回顧

領導風格與管理成效

謝振強總幹事 （下稱：謝）

曾擔任小學校長三十年，見證香港教育政策的轉變和社會變遷。退休後並沒有浪費積累的寶貴經驗，先後出任了聖公會（香港）小學監理委員會總幹事及專業顧問，為聖公會四十九間學校服務，繼續發光發熱。2016 年書展期間，出版了一本自傳《校長爺爺：「拼」出教育路》，自此多了個美號叫「校長爺爺」。

張勇邦校長 （下稱：張）

香港資助小學校長會名譽主席、聖公會聖雅各小學校長；香港教育大學學校協作及體驗事務處，宗教教育與心靈教育中心專業顧問。

謝：我們討論管理和領導風格，校長夾在中間，上面有校董會，下面則有老師，你覺得他們的領導風格會是怎樣？

張：我們討論領導風格，相信各種情況都適用，不同的階層都需要有人去領導，例如校監領導整個校董會，而校長則領導整間學校，老師在班中也是一個領導，甚至服務生、班長，其實都屬於領導的一種。以下純粹是我的親身經驗，用個人例子來拋磚引玉而已，因為謝總正領導着我們四十九間聖公會的小學，所以他應該比較多經驗。

謝：我不是領導四十九間小學，我只是服務四十九間小學而已。聽說張校長你有很多例子，不如分享一下如何做校長。

張：我屬於聖公會下午校出身，現在已經沒有分上下午校，以前有上下午校

的分別。我相信在座有一定年資的校長，都知道上午校是甚麼情況。如果你是下午校校長，一定會接觸過很多校長，我接觸了十個校長以上，過程是一種學習。

謝：難怪你那麼聰明。

張：只是集大成而已，聰明與否則見仁見智，很多校長都是一個學習對象。但現在沒有分上下午校，即是你空降去接任或者新任校長，只能靠自己。我從自身的經驗中發現，現在的小學校長與以往的校長已經很不同，在以前的辦學團體當中，上午校校長通常比較資深，下午校校長資歷則比較淺。舉個例子，即使你接任下午校校長，你只是排行十三，前面還有十二個主任。本身的行政人員以及總校長，一定不會覺得你很有能力，因為你不熟悉這間學校，你只是校外人。所以我們要學會謙卑，謙卑很重要。但現在反而沒有這樣的情況了，一開始你已經是權力最大的人。如果你有經歷過上下午校，而你做下午校校長，由排行十三逐漸向上升，有這個訓練經歷，你不能夠不謙卑，否則你無法生存。

所以要怎樣做？一是由領導風格入手，我們處事要和氣，由人脈方面打好關係。如果你是一個很有能力的人，一開始便很強勢，每個人都跟隨你的指示，這就是才氣。但是通常副校長年資比你長，其他主任又獨當一面，這時候你認為自己需要比他們強，才有能力駕馭他們；太強勢處事又會變得凌厲，或許會矯枉過正。有時校長未必想變得凌厲，但又沒有辦法，害怕無法管理下屬。我們則比較幸運，可以由低做起，由「十三哥」開始做，慢慢做到「二哥」，再變「一哥」，這就是我們以往上下午校的風格，我大致上說到這裏，謝總應該有些問題想問。

謝：有一個問題是 —— 有位很優秀的老師，學校讓他升為主任，甚至升為校長。由一個好老師直接晉升為校長，這條路你應該沒有經歷過吧，你覺得怎樣？

張：即是他認為我不是好老師，不小心被他看穿了。我是經歷過的。

謝：你只經歷了一半，你由一個老師升為主任，再升為校長。但我又聽說過，如果別人沒有你這麼厲害，學校自此以後就失去一個好老師，多了一個不懂做校長的校長。你沒有走過這條路，但你應該聽說過。

張：可能大家都有聽說過，但不用對號入座。

謝：我看過有關領導風格的六種說法。第一種是「高壓式領導」，是由上而下的極端決策模式，屬「一言堂」。如經常吩咐員工：「照我說的去做！」這種最適合在學校危機管理上使用，因為在遇到危機時不宜放慢腳步，需要一錘定音，這種領導風格能很快處理問題，很快見效。但使用時要謹慎，不要忽略員工的士氣和表現。如果校長時刻強勢，無視同事提出的意見，那麼同事就會失去動力，覺得在幫壞傢伙做事。

張：如果在座都做過校長，以前一定接觸過用「高壓式領導」的校長。因為相對來說，以前的校長都是比較傳統的權力核心。「高壓式領導」沒有對錯之分，如果他在我心目中是一個能力強、凡事都看得通透的人，我會甘心跟隨他。但如果像謝總所說，一位被形容為「壞傢伙」的校長運用「高壓式領導」，你們必定會覺得不忿，而且會令很多下屬感到沮喪。

謝：這個高壓方法就是在危急的時候處理危機，並不常用。第二種是「權威式領導」。領導者需要有明確方向，帶領員工前進，口頭禪是「追隨我！」。這方式多用於有夢想的領導者，他了解自己的需要，會積極推銷遠景。但如果遇到比他更專業的員工，便容易失敗。

張：這有個好例子，謝總就是「權威式領導」。謝總下決定時，我們私下會互相問：「他為甚麼會這樣？」「沒有問題，他說可以就可以！」這就是信任，很難解釋，很多時候需要累積，包括我們的關係，如何體恤我們等。

謝：第三種是「協調式領導」，或者我們可以稱它為「妥協式領導」。領導者在遇到團隊不合拍，試圖建立團隊和諧、修補信任時最適合使用，可以提升員工士氣，改善溝通。

張：類似現今所說的協商，很多事情都要協商處理，有時候亦未必有不和諧，和諧時也能用「協調式」。

謝：和諧的時候，協調比較容易，不和諧的時候就更需要協調。正如我剛才稱之為「妥協式」，校長有時候也需要讓步。

張：我經常讓步，我常說校長最沒用，所有事都是由同事處理。所以我覺得協調是好的姿態，不需要經常以強勢的姿態出現。

謝：第四種是「民主式領導」，是透過參與建立共識的領導風格。在推行時要花較多時間聽取與接納大家的意見，能建立信任、尊重，亦能讓同事有參與感，效果最好。不如讓與會者分享一下學校是否適合進行「民主式領導」。

與會者：我自己的看法是在不同的環境下，我們要用不同的方式。如果整個團隊有一致性，經過長時間的歷練，我覺得「民主式」是一個最好的管理模式。我們都知道「三個臭皮匠勝一個諸葛亮」，那麼多人提出意見，最後綜合再整理，我相信大家都會有很強的參與感。在推動這個工作政策時，大家都會非常滿意。所以在一個民主的社會，以及在和諧的氣氛下，我相信「民主式」的領導一定是最好的，多謝。

謝：多謝。「民主式」的好處是大家都知道事情的發展，大家都可以給予意見，但亦有壞處 —— 會很消耗時間，因為需要經常開會討論，不適合處理危機時用。第五種是「前導式領導」，是卓越表現的自我領導，先設定高效標準，自己作出示範，令事情做得又快又好。「前導式」需要

校長有很強的能力，員工才容易追隨。不過如果校長習慣用「前導式領導」，會養成員工不自動自覺做事的壞習慣。

張：我覺得「前導式領導」有點像行政總廚。行政總廚除了有技術，也要懂得管理，他要有創意去發明新菜式，又要進行品質管理，同時兼顧營銷，例如菜式能否大賣，能否成為餐廳的招牌菜等。

謝：第六種是「教練式領導」。教練的工作就是讓運動員按自己的方法做得更好，迫使運動員去得到好成績，所以這種校長都需要出盡全力，耐心地訓練同事。領導者想培養未來的人才或改善績效時最適用。領導者要找出自己的優劣勢，與員工的抱負連結，會對員工說：「我相信你，我投注心力在你身上，期待你的表現！」但如果員工抗拒，或不願作出改變，這方式便失去功效。

張：校長有點像人生教練，例如一些年輕同事是否認清教師的職責而入職，還是因較穩定的薪酬而入職，又或者其他種種原因，而我們作為教練，每次開會都是不停教導同事，教導方式因應不同同事而定，能力弱的便花更多時間去教導，能力強的教一次就可以。

謝：事實上除了之前提到的六種領導風格外，我們在教會學校還有一種方式，叫做「僕人式領導」。昔日耶穌基督替門徒洗腳，是僕人領導模式的鼻祖，是現代最理想的領導風格，管理成效也大。

何謂「僕人式領導」？「僕人式領導」意指領導者首先要成為僕人，樂意以服侍及謙卑的心來領導，講求以身作則，懷有服務為先的信念，主動關懷及體貼他人的需求。「僕人式領導」並非重視權威的建立，而是以犧牲、奉獻及愛的決心去建立領導威信，來鼓舞團體，善用團隊的力量與智慧以發揮領導果效。「僕人式領導」能喚醒員工的使命感和提高員工的工作動力。

與會者：其實我對「僕人式領導」的認知也有限，不過我一直都在嘗試學習這種領導風格 —— 在服侍的過程當中，如何和同事一同去學習和成長，如何懷有一個謙卑的心。當實踐「僕人式領導」，或者以耶穌基督作為榜樣時，正正是對我們作為校長掌握權力的一個提醒或制約。有一件事很重要，就是要認清我們的服侍對象，以前我做老師或者主任的時候，事情很常會交給校長去檢查、去批准，當時做的事是以校長或上司作服侍對象，但我們都知道，我們真正的服侍對象應該是學生。校長作為僕人時，我們應該為老師、主任創造一個有利他們的工作環境，提供他們需要的東西，讓他們能夠集中精神去服侍我們的對象 —— 學生。我分享到這裏，多謝。

謝：多謝。綜合上述七種領導模式，領導者要因時制宜，靈活運用，尤其以「僕人式領導」方式為佳。倘能善於運用，皆可以成為具有影響力的領導者，收管治成效。

張：校長爺爺所說的領導風格，相信大家從不同渠道都聽說過一部分。我再簡單分享一下，我做了接近二十年校長，在座很多人都比我資深，但我在公職上接觸不同領導，見過不同的高官，可以看到不同的領導都有自己的想法。回頭看現在的校長與副校長，可以簡單分兩類，一類以完成工作為目標，即是以工作為重；一類以人為重。以工作為本或是以人為本，值得校長與同工去思考。如果以人為本的話，「人」是指甚麼人？以一個平面三角形來看，上方的尖角是學生，而下方的兩角則是教師團隊與家長。我們要提點同工多聆聽家長的聲音，同時我們亦要處理好教師團隊的問題，才能將美好的給予學生。正如舞龍活動，龍頭一動，龍尾也要隨着擺動。所以校長要做一隻仁慈的獅子，雖然有很大權力、威力，但要仁慈，要抱着謙卑的心態，才能領導好一間學校。

我的看法是應該「以人為本，以事為標」。面對不同的前輩，要謙卑地清空自己才能不停學習。「天外有天，人外有人」，香港教育最高的領導

委員會，即教統會，裏面全部都是各行各業的翹楚，我只是以小學校長的身份作議會代表，十分渺小，所以要學習謙卑；回到學校要提醒老師和班主任，我們都十分渺小。如果用謙卑的心去帶領一間學校，我相信是有成效的。

精華片段回顧

閱讀的魅力

陳萬雄博士

香港出版總會永遠榮譽會長、香港饒宗頤文化館名譽館長、香港
聯合出版集團前副董事長兼總裁。

各位校長、各位老師,大家好,午安!

今日的講題,是關於閱讀的。我將從不同的題材和角度,去討論有關閱讀的著作。這些著作成千上萬,即使在香港,關於閱讀的大小演講,亦幾乎源源不絕。大家都是教育界前線的教育人員,非常了解學生的閱讀情況。所以,本人這次演講,不想從教育道理或文化理論討論閱讀,而試圖由自己的親身經歷所得的體驗,談談我對閱讀的一些想法。我很願意與大家聊聊閱讀這課題,因為我一生數十年,從事的都是與書有關的工作。饒宗頤教授曾經惠賜「四書人生」的墨寶給我。這裏所指的「四書」,不是指「四書五經」的四書,而是指我一生萃力所在的讀書、編書、賣書、寫書這幾件事。

閱讀,是我一生最大的興趣,也是我一生最受益所在。不論在學校或工作,我的生活都離不開書本,甚至可以說「不可須臾離也」。所以我將會從切身經歷,分享我對閱讀的看法。雖然較為主觀,但希望是「他山之石,可以攻錯」,可供大家參考。

首先要說的是在中學的經歷。

當年升上中四,大部分學校都會分文科及理科班,我被編入理科班。

讀上理科，當時被認為是較為優秀的。升上理科班三個月後，我主動要求調到文科班。班主任感到奇怪，覺得人人都搶着選讀理科，為何我反而主動要求轉到文科呢？原因是出於自己升上中四後的兩三個月當中所得的學習體會。在上第一堂課時，我們的數學科李老師就說，你們都搶着選修理科，從未想過自己是否適合讀理科。到第二堂課，他又重複了這番話。作為數學科老師，竟這樣提醒自己的學生。現在回想起來，他真是難能可貴地對學生負責。課堂上，一位同學就大膽問老師，說：「我們又怎樣知道自己適不適合呢？」老師的回答十分簡單，他說，除了做功課及上課外，自己課餘喜歡看甚麼書籍，就表示你喜歡那門科目。聽了以後，我內心作了忖量。數學課本，我只有在上課和温書時才看；課堂外，我從不會看相關的圖書。我只喜歡閱讀雜誌，看一些文史的課外書，例如《紅樓夢》和人物傳記等。這是我對閱讀的第一次反省。

上數學堂，老師在黑板上演算題式時，我都能跟得上他的演算；老師的說明，我也能夠明白。只是奇怪班內有兩位同學，在老師演算到第三步時，他們就已經知道第五步的結果。我漸漸明白到，在數學的水平上，我跟這兩位同學是差了一大截的，不可能超過他們。

又一次，我到一位同學家中，看見他滿屋都是一些數理的課本和參考書，那些參考書都是厚厚的，甚至有我們尚未學到的微積分的參考書。天啊，當時我心內明白過來，在數理科，我和他根本沒法可比。同樣，我也相信，我「啃」厚厚的《紅樓夢》等圖書，他不會有興趣，也不一定閱讀得了。於是，我明白一個道理，閱讀會因人的個性和秉賦而異，這不就是數學老師所說的話嗎？

後來我就調去文科了。我一直相信，如果我繼續唸理科，可以畢業，也可以升上大學，但不一定唸得出色。這是關乎個性和秉賦。閱讀的興味，關乎個人的性格、自己的喜好。我喜歡閱讀有關文史的課外書，而且從小就敢「啃」大部頭的圖書，甚至彈詞一類的圖書我也看得下去，這全因興趣。

這是「閱讀」的一種性質。所以，家長、師長，你們可以鼓勵孩子多閱讀，指導孩子讀甚麼課外書、如何選書。但別勉強孩子閱讀他們不喜歡閱讀的圖書，尤其在開始培養閱讀習慣的時候。當然，孩子的閱讀興趣也可以隨年齡和能力而改變。要培養起孩子的閱讀習慣，先不要勉強他看不喜歡唸的書，要讓孩子閱讀自己有興趣的圖書。開始了閱讀，這是第一步。閱讀跟日後選唸甚麼專業一樣，首先要合個性，然後就能夠各擅勝場，這才是人生歷程的順水行舟。

下面將談談閱讀如何改變我命運的第二段經歷。

中五會考後，家庭環境轉差，爸爸說可能沒能力供我讀書，那我就只好去找工作了。就在我待業期間，有位姓蘇的好同學來找我，說校長願意給我獎助學金，讓我回校升學。回校復學後，班主任陳老師對我說，是校長問起她：「為甚麼不見陳萬雄回校唸中六，是去了其他學校嗎？」班主任回答沒有，聽說因家境變差所以輟學了。校長說：「他是個讀書種子，學校提供獎助學金讓他回校吧。」所以班主任就吩咐蘇同學，專程到新界找我，傳達了校長和學校的意思。我的班主任就是原香港中文大學研究所所長、陳方正教授的親姐陳靜老師。陳老師好奇問起校長，為何他會認識陳萬雄呢？我在校不頑皮，又不出色，陳老師估計沒道理校長會認識我。校長對陳老師說，他對我留下印象主要有兩件事。他一直留意到，從中二、中三起，我很早就返校。每逢月初，上學時手上總是拿着《明報月刊》。校長說，他曾問過我是否看得明白。我說大多文章都看得明白，部分看不明白的文章就不看了。他對我說，每期都如此堅持閱讀，已經很好了。

其次，錢校長再說對我的第二個印象。我們學校有中學部，也有大專部。校長說，他學期終查閱大專部的圖書館，翻看包括中學生在內於圖書館的借書紀錄，他發覺借書最多的有三位同學，分別是兩位大專生和一位中學生，而那位中學生就是我。校長認為這個中學生如此喜歡讀課外書，所以一定能讀書。由於錢校長的關顧，給了我獎助學金，所以我能如願升讀預科，

更考上大學，所以我終身銘感。錢校長——錢乃信校長，絕對是一個很好的校長，在我心目中，他是一位教育家。我個人的例子只是他治校德政的小事一樁。他給他的學生留下了很多治校德政的美談。幾十年過去，同學每聚會，都會談到錢校長。作為校長，他不只看重學生的成績，更留意學生的行為，觀察學生的特性，甚至留意到一個不起眼的學生在看甚麼書，更會到圖書館翻查學生借閱圖書的情況。這都在反映錢校長不僅是一位好校長，而且是懂得教育真諦的教育家。

我考取了香港中文大學的入學資格，當時香港中文大學分三個學院，分別按考試前申請入學的意願面試作最後挑選。三個學院中有兩個學院，我被安排在第一天的上午面試。按一般情況，安排在第一天上午面試的，準能入選。當天上午我到新亞書院面試中文系。面試時，系主任問我：「你兩科歷史分別考到 A 和 B，為何不入讀歷史系呢？」我回答說，我也奇怪，不懂為何派我到中文系面試。其實是我自己弄錯了，最初報新亞確是中文系，報崇基才是歷史系。這一回答，可不得了，教授不大高興，便建議介紹我轉去歷史系面試。當時我慌了，知道一個學系只收十多個名額，若然我突然插隊，機會就變得小了。我雖辯解也喜歡中文科，中文科也考取了 A，但教授不聽，要助教帶我去見歷史系主任。沒辦法，我只好起身。起身時才看到教授座位前豎立一名牌，寫着「潘重規教授」。我衝口而出，問潘教授：「你是否《紅學五十年》的作者？」聽我一說，他抬起頭來，看着我，然後說：「如果歷史系不收你，我會收你。」到這時我才放下心頭大石。

我之所以會衝口而出，是因為我讀過《紅學五十年》。之前，我從未與寫書的作者認識過，所以當我見到讀過的書的作者，就感到很意外。後來歷史系收了我，我就讀了歷史系。不過，潘教授答應如果歷史系不收我，中文系會收錄我，我才安下心的。

閱讀改變了我的命運。不論是錢校長或是潘教授，他們都看重閱讀。我是閱讀的大受益者。所以我覺得，不論校長或老師，都應該在課堂以外，鼓

勵學生閱讀，引導學生閱讀。閱讀是學校教育的重要組成部分，也是學生成才的重要途徑。

現在，我已年過七十，教過書，到後來從事出版，都涉及教育範疇，所以我相信閱讀是學校教育的重要部分。經驗也告訴我，如果在小學生時期，學生未能養成閱讀的習慣，到了中學就會較難養成的了；如果中學生時期仍未能養成閱讀的習慣，到了大學就更加困難了。不要以為唸大學，就一定會閱讀。我記得在大學畢業典禮日拍照的時候，竟有畢業同學大聲叫嚷，說：「好了，以後不用再看書了！」閱讀真的要從小培養，越小培養越好，越小培養閱讀能力也越強。閱讀，是教育很重要的一環。

下面又是關於閱讀的另一種體驗。

兒子在美國讀大學。有一次暑假我去探訪他，聊天期間，我問起他：「除了歐美學生以外，哪裏的學生英文最好？」他是香港英文名校畢業，想了大約五分鐘，說還是香港學生的較好。聽了以後，我有點奇怪，因為即使是亞洲的新加坡和印度等國家的留學生，都是以英文為母語的，絕不會比香港差。我就追問他為甚麼，直至最後才曉得，他的大學所收的都是香港傳統名校的學生。就我所知，香港傳統英文名校都有個很大的特點，就是重視英文經典的課外閱讀，有學校甚至要求每一個學期閱讀三四十本英文經典。這樣的英文學習，是一種兼具文化的學習，不全是英語的學習。中文也好，英文也好，只限於語文的語言學習，語文水平是不會優秀的；只有諳熟文化的語文學習，才會有優秀的語文能力。語文能力的高低與文化的內涵息息相關，大量的課外閱讀，熟讀經典的閱讀，才會增進語文的文化內涵。

最後，我再舉兩位大家都熟悉的歷史人物，去說明閱讀對成才的重要。

第一位是三國時代的呂蒙。呂蒙自學，是中國自學成才的經典故事。故事是作為主公的孫權告訴呂蒙，說：「你身為將軍，當上了大主管，應

該要多讀書，提高自己的學養。」呂蒙辯說，指自己在軍中很忙碌，哪有時間閱讀。孫權就指出說：「你忙得過我和曹操嗎？」孫權說要閱讀，不是要呂蒙做博士。當時是有博士的，東漢設有五經博士，博士是教導太學生的。孫權從小就讀《詩經》、《尚書》、《禮記》、《左傳》，以及《國語》。自從他當上吳國領袖就不斷閱讀三史和一些兵書，獲益很大。三史是《東觀漢記》、《史記》及《漢書》，是當時最經典的三本歷史著作。他對呂蒙說，像你如此聰明，又有作戰經驗，如果願意學習、加強閱讀，定必大有長進。孫權厲害的地方，不只是激勵呂蒙要閱讀，更解釋給他聽為甚麼要讀書，指出要他讀甚麼書。如《六韜》是軍事書，還有《左傳》、《國語》及三史。孫權還問呂蒙：「你會比光武帝忙嗎？光武帝是東漢開國皇帝，他在打仗最緊張的時候，仍手不釋卷；同時代的曹孟德，亦即曹操，曾說他越老越好學。就算忙如曹操、忙如我、忙如光武帝，大家都如此好學，所以為甚麼你不決意讀書呢？」自此呂蒙就自學，努力讀書。呂蒙本來是位粗人，十來歲就開始打仗，從老粗到勇夫再到將軍，最後更繼承周瑜及魯肅，成為吳國軍隊的統帥。《三國志》作者陳壽讚他是國士，孫權也稱他為國士，國士比將帥更高級。呂蒙最後能有此成就，完全是靠閱讀成才的。先前呂蒙的上司魯肅，原本看不起呂蒙，覺得他只是一介勇夫。後來魯肅與呂蒙談過後，大為歎服，說他「非吳下阿蒙」。「非吳下阿蒙」這個典故就是這樣來的。

我欣賞孫權。他教導人要讀書，並且懂得教導人怎樣讀書、讀甚麼書。如果一位老師或校長，能夠循循善誘地指導學生去讀書，指導他們怎樣讀書、讀甚麼書，我相信，學生的得益會很大。我羨慕像饒宗頤、錢鍾書、陳寅恪等大學問家，不僅資質好，又勤奮，羨慕他們從小懂得讀書。因為他們出身於書香世代，從小有祖父輩指導。如果我們現在的學生，有好校長、好老師在閱讀上予以引導，自然也會成才。孫權真是個讀書的好老師，所以在歷史上就造就出一個呂蒙來。

另一個要談的著名歷史人物是諸葛亮。

諸葛亮曾經說他自己「讀書不求甚解」。這處說的「不求甚解」，不是說讀書不求明白，而是不花時間在一字一句的斟酌和背誦上。讀一本書最重要是明白其精華和要旨。諸葛亮最好的朋友徐庶，讀書就是一字一句地精讀。這種的讀書法，是受漢朝以來讀經、治經流於餖飣考證的風氣所影響。諸葛亮讀書，擺脫了這種風氣，讀書在求明其宏旨。這種讀書方法是求實用，目的在於求學以致用，非為讀書而讀書。這種閱讀方法，強調讀書最重要是明白宏旨，懂得吸收書的精華。這樣讀書，才可以博覽羣書。諸葛亮的學問，不論是歷史兵學，還是天文地理，他全都精通。這樣的博學，而且能學以致用，就成就了一個救世濟民的諸葛亮，而不是一個學者、一個書生。

諸葛亮的讀書方法，看來很適合現代社會。現代社會知識氾濫、瞬息萬變。過往，人的一生所學，由小學到大學，所學習到的知識，七成都會一生受用。現在，只有三四成用得着。因為世界變得太快，知識的轉變也太大。如果你不養成閱讀擷取其宏旨和精華的習慣，就無法應付現今知識爆炸的時代。所以我覺得，諸葛亮的讀書方法適合現代。不說各種媒體的知識，現在每年出版的新書，也以數十萬冊計，真是學海無涯。所以現代人的閱讀，關鍵要懂得在書海學懂選讀及精讀，否則書海變成苦海。以學以致用為目的諸葛亮為例，他「讀書不求甚解」的方法，是值得學習的。

在這裏，我對當前教育有點感慨，現今的小學生因為教育局的規定，老師或學校也只能按教育當局的嚴格規定，學習變得死板和機械化。中文的習字，例如「陳」字，以前是有一鈎的，現在沒有鈎，諸如此類的例子很多。我孫兒看我寫的字，常說我寫錯了。其實我沒有寫錯，老師教他的也沒錯。中文字流傳下來，很多字有不同的寫法，而且往往在十年八年後，寫法規定就改了。我不反對在小學教的「正寫」，卻反對吹毛求疵，不然學生老糾纏一些極微小的區別，耗費學生太多的時間和精神。更甚者，弄得小孩對學中文失去興趣，甚至討厭，變相弄巧反拙。故不論理科、數學或文科，最重要求其知識的大者，引發讀書的興趣，重視思考的啟發，開闊知識的視野，不要以難倒學生為事，使學生過分糾纏在一些細節上。所以讀書學習，

在這些小小的問題上，可以放寬鬆點。我建議在學校學習，重心是精讀；課外閱讀則主要在求其大旨，取其精華。而閱讀，能夠補充學生在功課以外的知識，在學校內所學的知識有限，而自我閱讀的知識無限。只有培養起閱讀的習慣，掌握了閱讀的有效方法，在成長期間也好，日後工作也好，才能無往而不利，才會保持終生的學習。

最後，對香港學生的閱讀，也有一個體會。

與我兒女同輩的子姪，他們有些在外國長大，平時很愛玩，總不見他們讀書做功課；香港的小孩則日夜勤力讀書學習。很奇怪，依我觀察所得，在外國長大的孩子，到了休息或閒下來的時間，他們都會自動自覺地拿出課外書閱讀，因為他們已經養成自我閱讀的習慣。相比之下，我們香港的學生是否花太多時間在功課上，導致自己閱讀的時間太少？雖然我從小就愛閱讀，但在小學和中學都不算是成績最出色的學生，多在中上游，相信是因資質以外，我也花了很多時間看課外書的緣故。晚年了，可作定論。學歷、成績，是一生學習和工作的資格；自我的閱讀，才是我一生受益最大的。以上只是個人淺見，希望大家指教。

多謝各位！

精華片段回顧

從閱讀中學習的演變：過去、現在及未來

葉淑婷校長 (下稱：葉)

閩僑小學校長，閩僑中學學校發展顧問。教育碩士（行政及管
理）、基督教研究碩士、中國語文及文學碩士、美術及設計教育
（榮譽）學士；哈佛商學院及哈佛教育學院學校管理及領導證書、
學校課外活動管理證書。曾獲頒卓越教育行政人員——優異教育
行政人員獎。葉校長喜歡繪畫及撰寫圖畫書，其著作《摸摸天空》
獲得香港圖畫書創作獎佳作；2022 書展出版《掃掃家居》。

方子蘅校長 (下稱：方)

早年於香港中文大學完成中國語文教育文學碩士。熱愛教育，喜
歡探索。現於香海正覺蓮社佛教陳式宏學校擔任校長，在教育生
涯中不斷積極深耕、探索及嘗新求變。

陳敏儀女士 (下稱：陳)

香港大學圖書館與資訊管理碩士課程講師。

一、引言

　　閱讀可以對每一個人有很大影響，甚至可以影響一生。所以作為教育工
作者，只是從很細微的東西去引導學生，就可能令他們的生命起了很大的轉
變，尤其是在閱讀方面。

二、閱讀對自身的感受、重要性

方：上半場陳博士分享時，我有很深的感觸。他一直在說自己生命中的恩
　　師，亦是他成長過程中的印記！我們作為教育工作者都有一個重要的
　　使命，就是如何引領學生。我一直在想，其實閱讀對我的人生有很大
　　影響。我自小就喜歡聽故事，所以開始了閱讀。走進閱讀的世界開啟

了我整個人生的視窗。在閱讀的世界中，讀者會與不同的生命接觸，更會發現世界其實很大、很新奇。所以，閱讀對我來說是一生中的一個好朋友，我視之為良伴。在這個影響下，自己教授學生時，都喜愛與學生分享書本。到現在在自己學校裏，也希望將閱讀這份好禮物送給學生。

葉：小時候的我偶爾看書，不過未成習慣，直至初中才開始「書不離手」。其實，我是個反面教材。猶記得初中時，有位中史科的老師教得比較沉悶，我不想浪費時間，所以就在桌子下看書。當時，有一位同學滿抽屜也是書，於是便順手借她的書來看，「書不離手」的習慣由那時便養成了。我不肯定是否應該多謝那位老師令我愛上閱讀，但有一點可以肯定的是，我的寫作能力自那時開始提升了不少。而這個經驗令我在教學的日子裏時常反思，提醒自己要成為一位教學生動的老師，吸引學生專心上課。

再者，閱讀對我來說很重要，我甚麼類型的書也喜歡看，無論有關商業、教育、哲學、中醫，等等。閱讀就是想像力和學問的結合，學問可以從閱讀當中得到，而想像力就在自己的腦海裏，因看書就是靈感的泉源。而從商業書本中，我領略到教育的方向需要配合商業世界，從而令教育不致故步自封。

陳：有云：「閱讀是學習之母，教育之父」，可見閱讀對個人成長十分重要。

三、以往及現在學校閱讀文化的改變

葉：以往學校的閱讀文化比較着重個人化，很多時候都是獨立地完成自己的事。一般人只着重於閱讀能增強語文及寫作能力，未必會以學生的興趣為首。現在的閱讀文化就比較着重分享，例如匯報、演講、小組合作等模式。

方：我想，以前圖書館的角色就是一個我們能夠借閱實體書的地方。我們可以一本接一本地閱讀，正如葉校長所說的「比較個人化」。可是，到了今天，尤其是在這個資訊爆炸的年代，其實數碼化的典藏或者是實體化的典藏，兩者都擔當着非常重要的角色。在學校的層面，除了圖書館和課室以外，現在無論是地下的大堂，甚至操場，在其他樓層我們也有開拓閱讀空間，讓學生隨時隨地閱讀。

同時，我認為氛圍對閱讀有很大的影響，因為除了圖書館以外，不論實體書、網上電子書，或者跨學科合作上，圖書館的角色或者推行閱讀的手法都會有所不同，以輔助學校課程的發展。另外，我們還會透過有趣的模式，例如故事演講或者閱讀比賽，甚至把學生的文章，配合一些插畫來編成書冊，令學生對閱讀產生興趣；同時，學生們也可以有一個平台抒發所思所感。所以我覺得模式多樣化，能照顧不同學生的學習差異，同時也符合了學習多樣性。

陳：在 21 世紀推動閱讀學習上，學校圖書館也扮演着重要的角色。 2000 年，香港教育改革後，落實一校一圖書館主任，為學校推動「從閱讀中學習」的策劃管理，增添難能可貴的資源，順利落實閱讀學習政策。推動活動不再停留於學生層面，而是擴闊到學校各持份者，包括家長教育及教師培訓。在學校不同持份者的努力下，良好閱讀氛圍由學校轉移到家庭，為孩童提供優良學校及家庭閱讀環境，有利學習。

四、過去及現在學校圖書館推動閱讀策略角色的變化

方：我們學校圖書館利用環境佈置，令學生來到圖書館時有回到家的感覺，例如顏色佈置或味道等，圖書館亦有一些布偶陪伴學生。進入這個領域裏，有不同的閱讀模式供學生選擇，學生可以借閱實體書，亦可以進行網上閱讀，透過閱讀建立思維模式。學生可以提取資料然後做專題研習，這也是一個不錯的學習嘗試。

陳：隨着電子資訊急速發展，現今圖書館的空間設計也有多元發展，例如設立配合學校 STEM 教育 —— 即是科學 (Science)、科技 (Technology)、工程 (Engineering) 及數學 (Mathematics) 的創意空間 (Makerspaces)，擺放配合不同課程需要的硬件及軟件，包括：多功能電腦、3D 打印機、LEGO 模型設計和 coding 程式等，鼓勵學生透過動手做 (DIY)，把創意轉化為實物，給予學生一個發揮創意的機會。圖書館主任亦在創意空間設立圖書角落，擺放優質科技教育圖書，例如得獎科幻小說，並透過二維條碼，以短片形式介紹書中科學概念，幫助學生吸收科技和科學知識。以往我在學校圖書館工作時，甚至會特別設計書桌及牆身，方便學生隨時隨地與同學傾談，在書桌上或牆壁上做筆記，整理思想，促進學習。這些都有助學生掌握 21 世紀技能 (21st Century Skills) 中的 4Cs 技能 —— 溝通 (Communication)、協作 (Collaboration)、創意思維 (Creativity) 及批判思維 (Critical Thinking)。

葉：現在的閱讀策略上起了很大的變化，要有趣味性、有噱頭。就好像我校每年於 10 月 31 日把萬聖節轉為「閱讀日」，大家會扮成書中人物角色，又會請作家到訪，分享寫作及閱讀心得，藉此吸引學生多閱讀。另外，學校設有很多閱讀角落，希望方便學生隨時看書，例如：課室圖書角、清拆了操場的小賣部來建立一個「閱讀角」等，從而提升整個校園的閱讀氣氛。

較早前，我和陳敏儀女士亦討論過圖書館的角色。以往的圖書館可能是被罰的地方，如：罰停課、罰留堂，等等，因而給學生不良的感覺，但現在角色已經改變。如果還有學校把圖書館用作懲罰學生，日後希望不要再發生了。此外，以前圖書館就好像一個物流中心，只有借書、還書的活動，現在就是一個可以分享閱讀的平台，家長也可以借閱書籍，亦有很多互動活動在內進行。

現在，我校圖書館大約三分之二是實體書，餘下的三分之一是由機構捐贈的電子圖書館（e-Learning Library），佈置比較時尚，也有很多電子設備，如平板電腦，裏面安裝了很多閱讀軟件，內附不同的電子書，可以誘導一些不喜歡揭實體書的學生閱讀，所以現今的圖書館要兩者兼備。雖然我也很喜歡實體書，但隨着時代的轉變，電子書都有其價值，亦可以幫到有特殊需要的學生。

五、圖書館角色未來在學校推行閱讀的轉變

陳：學校圖書館在空間設計、圖書館服務、課程設計、活動推廣等領域上，也需要與時並進，配合人工智能時代、智慧城市的發展；與此同時，亦要兼顧學校教育上的課程發展，以及數碼世代學生、家長及教師的需要。

方：剛才陳女士提到一點啟發了我，在價值方面，我覺得在學校定位上，實體書很重要。我們一直說「腹有詩書氣自華」。我們探討到閱讀電子書不是不好，雖很方便，但很快會忘記。如果是實體書的話，逐頁翻閱圖書時，會感到實在，也會覺得實體書是你的朋友，容易和它們（書本）變得親近。及後，慢慢透過實體書的閱讀熏陶，漸漸建立恆久的閱讀素養。所以，我們學校是電子書與實體書並行，但實體書的角色仍佔重要的一席。

葉：現今資訊很多，甚至氾濫，我們應該怎樣選取、組織和分享？閱讀可以令我們學習如何篩選資訊。另外，將來圖書館的模式可能不再是一個安靜的空間，反而可能演化成一個自習中心（Learning Centre）模式的學習環境，又或者變成一個可以表演和分享的地方。我校圖書館主任楊老師和我都相信未來的方向會是：自學、思考、創造、共享。自己獨立做事情，但亦重視分享。

此外，在推動閱讀方面，校長的角色亦很重要。我經常於校務會議尾段作好書推介，分享我看過的好書。好像陳博士在上半場提及的「諸葛亮式」的方法，就是將書中幾句重點記下，然後印出來和大家共享。如果老師有興趣，也可以當場向我借閱。雖然同工未必每次都感興趣，不過如果自己和老師也一起推動閱讀的話，效果會截然不同。

六、圖書館在照顧學校特殊需要的學生擔當的角色

陳：身為國際圖書館協會和機構聯合會（IFLA, International Federation of Library Associations and Institutions，簡稱「國際圖聯」）「以圖書館服務支援特殊需要人士」部門祕書（2019-2021），現為專業分域部門主席（2021-2023），本人特別重視利用學校圖書館服務，照顧有特殊教育需要學生「從閱讀中學習」。要使圖書館服務能照顧學生的多樣性，需要全校參與。全校老師在照顧差異上的共同願景及方向，就是成功的關鍵。在 2020 年 9 月，我很榮幸有機會統籌一個「國際圖聯」跨部門（「以圖書館服務支援特殊需要人士」部門及「資訊素養」部門）的國際網絡研討會（Webinar），有接近 1000 名來自 75 個地區及國家的圖書館學與資訊科學的業界專業人士，參與這個線上交流專業活動。

當中有專家帶領大家思考「多樣性」這個問題 —— 如何在不斷變化的現實環境中，帶來多樣性，例如為來自不同家庭環境，擁有不同能力、興趣、習慣的學生，帶來多樣性……若果圖書館服務、活動、課程或空間設計上能夠照顧不同方面的多樣性，變相是照顧全校學生的需要。所以，照顧多樣性並不等同只是關顧有特殊需要的學生。國際網絡研討會的直播上安排了實時字幕，不但有不同特殊需要人士包括助弱聽人士參與，以獲取資訊，連以非英語為母語的健全人士，也能受惠。

葉：我們會有不同工具幫助有特殊需要的學生，例如點讀筆。它可以幫助一些有讀寫障礙的學生。他們會自動自覺地戴起耳機，再配合點讀筆來聆

聽書的內容，然後自己學習，亦不會騷擾別人。此外，圖書館主任會從旁協助有特殊需要的學生選書，令他們選到心儀的書籍，從而提升他們的閱讀興趣。

方：剛才分享過，我們會找一些學生分組，邀請學生嘗試寫書。在他們閱讀書本後，再讓他們去創作，然後把學生的作品編成一本書。一方面，學生和家長都會感到興奮；另一方面，學生有機會透過這些創作，欣賞及實踐到不同的創作風格。

七、具體措施、活動、策略幫助特殊需要的學生

陳：長話短說，簡單舉一例說明之。圖書館館藏是支援跨學科學習的重要資源。在購買書籍時，可以留意書籍製作方式是否符合學校 SEN（Special Educational Needs，特殊教育需要）學生的需要。例如對於讀寫障礙學生來說，選購不同類型的中、英文書籍時，可考慮有聲電子書（Audio eBooks），備有顏色跟隨讀音顯示所讀文字的螢幕助讀程式更為理想；有聲書（Audio Books），如 MP3 格式的故事；網上動畫電子書（vBooks），讓學生邊聆聽邊欣賞動畫，增加學習樂趣。

選實體書時，選擇以顏色、大字及粗體字等顯示文字的圖書，有助讀寫障礙的學生集中閱讀；揀選文字簡潔清晰、易於理解、圖畫或圖像豐富、內容接近學生日常生活的圖書，儘量避免用色「太熱鬧」或文字寫在不同方塊內的書籍。

在選擇英文圖書時，避免選擇連串以大楷書寫、斜體及下劃線的圖書；選用較圓厚字體（如 Arial）編印的圖書較佳，這樣可減少文字在讀寫障礙學生閱讀時出現互換、旋轉等情況。從中文閱讀層面去推想，在字體印刷上較少強調鈎、撇、捺等漢字筆畫特性的圓厚字體也會較理想，可以運用大字實體書（Books with Large Print）或網上有放大功能的電子

書，也可運用資訊科技協助及引發讀寫障礙學生閱讀興趣的工具，如電子閱讀器。

我曾花兩年時間翻譯了《IFLA 讀寫障礙人士的圖書館服務指引——修訂和擴展》(https://www.ifla.org/files/assets/lsn/publications/guidelines-for-library-services-to-persons-with-dyslexia_2014-zh.pdf)，歡迎各位到網上查閱下載。

方：如果是 SEN 的學生，他們都有各自的愛好，例如有的喜愛恐龍，有的喜愛水母，有的則喜愛品德類的書籍。我們會將他們分類，再透過說故事或學生自己說故事、朗讀，讓學生將自己的故事或者有興趣的部分演繹出來。剛才亦提到，閱讀不一定要在圖書館。其實我們可以將閱讀延伸出去，學生可以擁有一個閱讀的表演舞台，又或者安排老師教授演繹故事的技巧，讓學生演講屬於自己的故事，提供一個讓學生們「閃亮」的平台。然後打開學生對閱讀的興趣之門，因為興趣相當重要。日後，希望可以邀請他們的家長助我們一臂之力，成為閱讀指導或者閱讀夥伴。

八、閱讀 2.0

陳：「從閱讀中學習」，是 2000 年香港教育制度改革的四大關鍵項目之一。在擔任小學圖書館主任期間，我曾於 1999 年在香港資助小學常識科課堂首次成功引入資訊技能學習，並在圖書課堂上指導小學生有系統地完成探究式學習，因而從實踐資訊素養教育中獲得不少寶貴經驗。要改變學生的心態（Mindset），迎合 21 世紀電子數碼時代的需要，可以在學生接觸資訊之初、培養閱讀習慣之時，便開始協助他們運用不同資訊工具，去組織、歸納、綜合書中所學。通過不同的閱讀方法，幫助學生擁有「駕馭」資訊的能力。

九、未來推行閱讀的障礙

方：方才陳女士提及「駕馭」一詞，我想當中的意思是「能運用自如」。這正正就是我們提及的一種十分重要的能力 —— 學會閱讀，從閱讀中學習。同時讓我想起，閱讀無論是興趣或學習能力，都應該自小培養，那麼將來才可以完全發揮學生各方面的綜合能力，同時能夠淋漓盡致地發展及延伸。

陳：在人工智能的時代，同學們面對着不可預測的未來，很多工種在十年八載後將會消失或被取代。學生的學習不再停留在教科書或機械式操練的層面上，而是強調他們有綜合學習能力、共通能力、21世紀技能……對學生來說，這樣可能來得更加實際。

葉：現今資訊太豐富，我們應該由閱讀開始，學習怎樣去將這麼多的資訊處理及詮釋，然後應用在日常生活中。不過，在現實生活中推廣閱讀確實存有很多障礙，就算由家長推動自己的子女閱讀亦然，例如現今普遍的現象就是大家愛玩智能手機，有時大部分人在手機上看了一些文章就當作看了書，甚至「機不離手」，這亦已經成為現代人的習慣，書本看似已經不合時宜。

十、城市文化對閱讀的影響

陳：社會整體的閱讀風氣對學生在閱讀學習的取向也有一定的影響。我希望有更多家長及公眾人士，重視閱讀帶給他們在不同人生階段的裨益，造就良好社會閱讀氛圍，這會對學生在學校培養閱讀學習上，起着積極正面的作用。

葉：我有一個很實際的關於文化差異的例子。小兒就讀國際學校，在其中一次家長講座中，提及下一個學期會安排大概一小時就可以完成的功課量。老師告訴家長，若學生不能完成的話，不用緊張，只需將功課收

起，不用再做，然後讓他們做自己喜歡的事情。我聽完嚇了一跳，怎會一個小時的功課也做不完，就不用完成呢？不過，這令我反思到國際學校最重視的不是功課，而是學生的個人空間，例如有沒有時間看書或做其他活動。相信就讀本地學校的家長、老師及學生，聽到這個例子無不感到驚訝。我們香港人好像自小已經開始習慣忙碌，要爭取看書的機會似乎不容易。但當我們培養出一個閱讀習慣時，又或當所有持份者，如校長、老師和家長都一起推動時，效果便會截然不同。

我曾經教過一個學生，他很喜歡看書。他由小學開始成績中等，因為他懂的事情都不是考試的內容，而是其他知識。不過，當時我已預計這位學生他日會非同凡響。果然，後來他畢業於劍橋法律系。他還有一個很有趣的習慣，就是每次坐飛機回港後，都會馬上到圖書館借書。有一次他從英國回來約我一聚，我問他的媽媽有沒有投訴他沒有第一時間先回家，他說媽媽已經習慣了，因為他真的愛書如命！

以往我是他一年級班主任，現在他的知識廣博，可以反過來教導我。我認為如果一個小朋友愛閱讀，就算他學校成績一般，也不用太擔心，因為他會閱讀，就有自學的能力。

十一、總結

方：其實我們剛才也不約而同地反思了閱讀絕不只是功能性，閱讀是開啟人生寶庫最重要的鑰匙。我們應該從閱讀興趣中着手，讓孩子建立真正的閱讀素養。「千里之行，始於足下」，開拓不一樣的閱讀人生！

陳：我期望圖書館主任在圖書館的工作能得到校內各持份者及公眾人士的支持，使圖書館主任能夠發揮所長，透過豐富的館藏、適切的圖書館服務、配合課程學習需要的圖書課以及與科組協助舉行的跨課程閱讀活動計劃，共同成就學生「學會學習」，奠定良好終生學習者的條件。

葉：「閱讀是知識的寶庫。」這句話雖然有點土氣，但卻是千真萬確的！閱讀就是「讀書、讀人、讀世界」，擴闊了視野，再將所得到的知識應用到現今千變萬化而急速的世界。我相信大家都很喜歡閱讀，希望大家繼續努力推廣閱讀。共勉之！

精華片段回顧

藝術與成長

林天行先生

香港美協主席、中國文聯香港會員總會常務副會長、中國美術家
協會理事。

　　你想像一下，如果沒有藝術的話，就沒有今日的文明，至今還是在洞穴時代。自從人類有了第一片樹葉之後，就開創、開始了審美，所以藝術是很重要的。其實我們每一個人都與藝術有關係，無論穿衣服、住屋，以至每日的生活方式。當然，如果你能夠再多花一些時間去學習，我相信你的生活會更加開心，看世界的方式會更加不同，因為你懂得審美，這個很重要。大自然給予我們眼睛，是用來審美的，所以我們需要去學習。

　　我年幼的時候很喜歡大自然。在我約五六歲的時候，經常去深山爬樹，去到大自然我就特別開心，當時其他人會覺得我行為古怪孤僻，像自閉症一樣。我記得小學的時候，我在路上見到山頂上面有一塊造型好漂亮的雲升上來，我就想：「這座山後面會是甚麼呢？是甚麼把它從這座山後面推上來的呢？」於是我就開始去找答案，由早上七點多找到下午三四點，不停翻山越嶺，一座山一座山地翻過去，一直都找不到。當時的山路沒有甚麼人，後來遇到一位婆婆，她趕我下山，回到家裏已經很晚了。所以我認為一個人的好奇心和想像力是很重要的。好奇心和想像力，如果能夠由年幼開始將它保留，所有人 —— 無論他從事哪一個行業，或者是甚麼年紀，都應該會很開心，甚至很多科學家、藝術家也是一樣，一定要有好奇心，這樣社會才有進步。

好奇心是可以培養的，想像力也是可以培養的。如果一位小朋友充滿好奇心及想像力，卻被成年人責罵，這就不可以了，因為他將來是社會的棟樑。如果家長、老師都只會責罵，我們就沒有將來了。所以我覺得小朋友學畫畫，無論他畫得怎樣，你都應該要鼓勵及讚美他，那是非常難得的一個孩子眼中的世界，他的畫作是很純真的。你嘗試拿一張白紙去畫畫，你一定不敢落筆，因為你會有很多顧忌，又有虛偽的心，但小朋友畫畫就沒有顧忌。

就好像畢加索，他說：「我用五年時間就可以學到大師的作品，就可以畫得很像，但我要用一輩子的時間去學兒童畫。」因為天真未必學得到，所以你要保持本來那份天真是不容易的。天真不是你想有就會有，保持天真的人，一定比沒有天真的人過得開心。故此，我年幼時與大自然一起就會覺得好開心。我又喜歡畫畫，見到甚麼就畫甚麼，我爸爸就帶我去拜師學畫畫。我天天去畫，當然會影響到自己的學業，所以小學時書讀得不好，每位老師都不喜歡我，因為我唯一合格的是中文科，其他科目都不合格，成績通常都是排尾二。到中學的時候，成績仍舊保持尾二。我覺得學畫畫是很重要的，儘管當時很多科目都考得不好、讀得不好，但因為對畫畫的執着熱愛，我逐漸發現一個問題——一個人學畫畫，不能止步於單單學畫畫這一件事。

學畫畫其實是一個技藝，是一個技術，例如畫一隻杯或一個人物畫得很像，這是一個技藝。當你對這個技藝要求更高的時候，就要去讀書，至少要讀與藝術有關係的書，例如詩詞歌賦、文學，還要留意社會，即是社會學、哲學，至少要知道是甚麼一回事。去到藝術境界最高的時候，最後就是你的修養。你的修養有多好，你的藝術成就就有多高。所以中國藝術一直以來都說，意境是很重要的，即是「格」一定要高。「格高」，經常都說「意在斯」，你的格調有多高，你的作品自然有多高，這些都是由年幼開始培養的。中國人所說的童子功是很重要的，所謂童子功並不是要你三歲開始天天去學、去做，一定要你做得很好、很精彩才算是童子功，童子功不一定要你在兒童的時候畫得很好；只要你在兒童的時候，或者少年的時候，經常接觸到藝術，接觸好的事物，這些就是童子功。到你長大之後，你自然會去尋回

你想要的事物，即是你要的藝術。

　　做任何一種職業，我相信喜歡藝術的人，一定會比其他不喜歡藝術的人做得好。藝術是甚麼？藝術就是真善美，你要去保留真善美、保留童真，你一定要對自己有要求，一定要有美感，這樣就會做得好，因為你有耐性，又有責任，童子功的作用就在這裏。讓小朋友多些接觸美的事物，我覺得是很重要的，這就是我開始學畫畫的過程。

　　說回三年前，我是特首的選委會中代表文化界的選舉委員。當時我向特首提出三個訴求：第一個訴求，就是香港要成立藝術學院，因為香港作為一個國際大都會，卻沒有一間藝術學院。你看一看外國、國內每一個省，都有一個專業的藝術學院，每一間大學都有藝術學院，但香港沒有，尤其是現在香港越來越多人學藝術，越來越多職業需要藝術，所以應該要培養多一些這方面的專業人才。沒有藝術學院就等於沒有一個標準，相關專業變得更少，怎樣與其他地方競爭？何況作為一個國際大都會、金融中心，香港經濟發達，但藝術方面就非常不平衡，所以成立藝術學院是很重要的。

　　第二個訴求，就是要成立展覽館，在香港給公眾、學習藝術的人和畫家去展覽的展覽館、美術館。現時沒有一間是專業的，沒有一間是為畫家的作品做展覽的藝術館，全部都是多功能的展覽館。就好像香港的社會一樣，香港社會的文化就是很多人都是「多功能」的，很多人甚麼都做，多功能就不夠專業。

　　第三個訴求，就是香港的美術教育非常貧乏，與全世界的發達國家比較是最差的，因為政府不重視、家長不重視、學校不重視。美術教育是很重要的。在一百年前，蔡元培已經提出「美育」，即是以美術教育代替宗教。剛才提過一個自年幼追求真善美的人，一定會對社會有貢獻，無論做哪一個行業都會做得好。你去看一看哪一間幼稚園、小學、中學能夠重視美術教育？甚至一間有近千位學生的中學，都只有兩位美術老師，而其中一位美術

老師更是甚麼科目都要教，哪個學科需要就去教哪個學科。美術科老師在學校裏的地位是最低的，這都是匪夷所思的。甚麼叫做美術教育？美術教育就是靈魂教育，靈魂教育是很重要的。其實畫畫、書法等等這些都是有法則，要學相關專業才可以去教。小朋友只是一張白紙，若果老師的教授方法是錯誤的，例如這個方向是去尖沙咀的，老師卻指去大埔，那麼小朋友就一直不能夠到達目的地。故此，我希望學校、政府可以重視美術教育。

十多年前我認識了一位幼稚園校長。沙士期間，他在一間畫廊遇到我。校長跟我說，他如何教育幼稚園學生。那是基督教的幼稚園，當時轄下有九間，現時已有十幾間。他們的教育方式令我很感動，他們很重視藝術，用藝術去教導學生，讓他們體驗真善美的重要，所以他們的學生很幸福。於是我就邀請了二十多位學生來我的工作室，與他們一起畫畫，所有參與的學生都很開心。我相信到現在有些已經大學畢業了，他們都仍然記得當年的活動。所以，當你自幼去接觸美的事物，你就會一輩子都記得；如果自幼去接觸一些醜陋的事物，同樣會記得一輩子，那麼你認為哪一樣較好呢？哪一樣對我們社會有益呢？

那十幾間幼稚園，每一間都各有側重，例如一間注重中國畫，一間注重書法，一間注重陶藝，一間注重西洋畫。每年的 5 月，十幾間學校會一起做一個兒童展覽；平常也會帶小朋友去幼稚園附近，在他們生活、讀書的區域寫生，讓他們了解自己居住的區域。就像你置身於香港，即是我們的家，要了解香港，你才會熱愛這個家。就好像中國人至少要知道中國的文化藝術，否則如何告訴別人你是中國人呢？他們就經常帶學生去寫生，教導他們應該如何去觀察，這是很重要的。在年幼時就開始培養他們去留意身邊發生的事物，去觀察這棟大廈，或者這棵樹有甚麼變化，有甚麼美感，將這種美感深深植入兒童的心裏面。有位校長每逢八月十五中秋節，都會邀請一班小朋友做幾塊月餅送給我。我吃過他們的月餅，有很多味道，除了甜之外，甚麼味道都有。幾十對手做的月餅，這些都是一種愛、一種感情，也是一種互動，是我和小朋友之間的關係。他們逢年過節所做出來的東西，在節日大家

一齊分享，這也是一件很美麗的事。

今日邀請我來講何謂藝術，我很開心，因為我對中學、小學的教師有特殊的感情，有特別的情懷，因為我爸爸是中學的中文老師，我媽媽是小學的中文老師。他們對我的影響很大，因為我爸爸很熱愛文學，他們平常對學生的那種感情，是理解、尊重、信任、包容，尤其是我爸爸，他教導的是全校「最差」的學生，即使學生被他教完之後仍是最一般的，但通常後來經常回來探望他們的，就是當初那些「最差」的、「最頑皮」的學生。學生本身是沒有問題的，重要的是如何去教養他們。所以我父母的教育方式也很大程度上影響了我。我就是在這種家庭成長，所以我對教師是很敬重的，尤其是校長，因為我年幼的時候，從來未見過我的校長笑，令到我年幼時對校長有一個敬畏的心。我覺得校長是很重要的，校長就是一間學校的靈魂，校長的靈魂有多高尚，這間學校就有多高尚，所以是很重要的。例如這間學校每方面都做得很好，都熱愛藝術，校長就一定是熱愛藝術的人，否則如何能令到全學校對藝術方面都有熱情呢？

香港人很少會有在家裏掛畫的習慣。我經常都問人家裏有沒有掛畫。很多人都回答沒有，說衣櫃很大，或者是牆上貼了牆紙。其實莎士比亞有一句名言：「牆上掛了一幅畫就賦予了它靈魂的點綴。」意即牆上的畫是不可或缺的。這就是為何中國人以前建一間屋，不論面積大小，中間一定會有個中堂，中堂的中間位置一定會掛有一幅畫。如果是大屋，就有大中堂，掛的畫也是一幅很大的畫，可能有五六米大；如果是中等的屋，中堂會掛一幅約一米左右的畫；再小的屋都有一個小中堂，都一定會掛一幅畫。西方大多數人在家裏都有掛畫的習慣，有時甚至掛到整幅牆都是畫；台灣的家裏也有掛畫的習慣，就算是賣雲吞麵、牛腩麵的小店，都會見到有一幅畫掛在牆上，或者是掛一幅書法，一定要掛在一個最重要的位置，並不會因為牆上有破爛，而去掛一幅畫遮擋破爛的地方。但有人會說掛畫很貴，沒錯，現在拍賣的畫越來越貴，但未必需要買一幅很貴的畫來掛，可以買一些新進的、年青的畫家的畫來掛，去支持他們，藝術家在未成名之前是需要支持的。你買了他們

的畫，他們就會將這些賣畫的錢用來繼續進修，這種力量是很重要的。如果你不想花錢買畫，掛一幅兒童畫也可以。買一幅兒童畫，或請家中的小朋友畫一幅，嘗試用相架裱裝掛起。當你將畫掛上之後，整間屋都會顯得更加明亮，所以一幅掛畫是很重要的，每當回家後，看到牆上的掛畫就會很開心。對小朋友來說，每日都看到掛畫或書法，這是一種耳濡目染的教養。

我教畫畫已經很多年，發現來學畫畫的人有很多種。我覺得教畫畫有一件很重要的事，就是要讓來學畫畫的人覺得開心，他才會繼續畫，我們不可以批評他，說他畫得不好，尤其是小朋友，就是要支持他。譬如有老師見到小朋友用鉛筆畫一匹馬，之後要求他將馬匹填上黑色，變成一匹黑馬，小朋友拒絕塗上顏色，但老師堅持要他塗上顏色，小朋友就哭鬧起來，並告訴老師他所畫的是一匹白馬。這就是我一直提出的問題，這個老師為何一定要小朋友將馬匹塗上黑色？黑色馬匹是老師自己的喜愛，並不是小朋友所喜愛的，不可以將自己的價值觀放到小朋友身上，因為這些價值觀有可能是錯的。小朋友想畫白馬，老師硬要將它變為黑馬，這種教育方式，會令到小朋友一輩子都對藝術產生一種畏懼。一個五六歲的小朋友，畫畫一定不會太像實物，尤其是三歲之前的小朋友，所畫的畫是沒有形象的。在正常情況下，要到十二歲之後，才開始有造型能力。兒童畫通常都不會畫得太相似，要求造型相似、構置相似，又有質感等等，這是不可能的。但很多時候，家長都會批評小朋友的畫，說他們畫得不像狗、又不像石頭、又不像花，為甚麼一定要畫得相似呢？有一句說話——「藝術就是崇高的發泄」，就是一個人不開心的時候可以拿筆畫畫來發泄，令自己開心。畫畫是一種娛樂，起碼要讓畫畫的人能夠宣泄，所以對小朋友畫畫不應該要求畫得相似，甚至有些老師會幫小朋友畫，這都是錯誤的，因為老師所畫的無論是點或線，都能夠一眼看得出那不是小朋友畫的。

從歐洲的同事口中聽聞過，有一輩歐洲貴族開派對，當中有位富豪只有一隻眼，另外一隻是假眼，但像真度很高。在派對裏，富豪遇到一位文學家，富豪對文學家說：「聽聞你很有名，就請你猜一猜，我哪一隻眼是真

的？」文學家就說，左邊那隻是真的。富豪問他是如何看出來的，文學家就說，左邊的眼有一個慈悲的心，而右眼充滿慾望。所以藝術其實是能看得出真與假，一幅作品有沒有感情、能否打動人，真情是很重要的。如果作者沒有感情，就算你幫他畫得多相似都沒用，即使畫到與真品一樣，都沒有感情，這就是工匠與藝術家的分別。工匠可以巧奪天工，可以模仿到一模一樣，但永遠不會讓一位觀眾感動到流淚，但是藝術可以。我相信很多朋友都有這方面的經驗或經歷，在博物館看完一些作品會感動流淚，我自己也會，身邊也有一些朋友看完畫作之後會流淚，這就是藝術家的生命，用真情去完成作品，這些感動就會一年一年、一代一代傳承下去。我們現在的文明就是靠這些思想家、文學家、藝術家去創造的。這就好像天上的星星，本來視覺世界是黑暗一片，因為有這些人令到我們看到了黑夜裏璀璨的星光。其實我們生命很短暫，但我們可以學到無窮無盡的知識、文化、藝術。

我又突然想起有個歐洲朋友買了一幅畫回來，為了要掛起這幅畫，特意建造了一道牆。他並不是買回來後隨便掛在一道牆上，而是專門掛在某一道牆上，他覺得這樣才是對那幅畫作的尊重。很多人都有這種習慣，甚至有些人買了一幅畫回來，掛上牆時有一個儀式，例如開支香檳與家人或朋友一齊欣賞這幅畫。一幅好的作品真的會令你有熱情，令你百看不厭，甚至會學到很多，除了提高修養之外，有時還會有不同發現：為何昨日沒有看到的，今日就看到呢？經典的作品就好像中國書法的字帖一樣，像王羲之、顏真卿的字帖。你天天練字，就會天天進步，你會見到字的形狀，欣賞王羲之的字的外形是怎樣。就像畫一個蘋果，一看就知道是蘋果，畫蝦就知道是一隻蝦，畫馬就知道是一匹馬，很多畫家都會畫得和實物很相似；但有些藝術很有趣，有時刻意畫得不相似就是藝術。

其實像與不像是有個過程的，學畫的開始是一個像的過程。例如學畫素描，素描就要學畫得像，例如光的來源，或者是物件的質感，或者是動物的動態，全部都要畫得很相似，是有要求的。就像臨帖一樣，要臨摹顏真卿的帖，開始時一定要臨摹得很像，否則你也不需要學他，你自己用筆墨來寫就

可以，就像曾灶財一樣。我相信，任何一個人如果未經過學習就寫出來的書法或毛筆字，一定是與曾灶財的字一樣。所以甚麼叫書法呢？書法就是有法則要去學習的。中國有文字以來差不多六千年，書法一個傳一個，一個高峯接一個高峯，傳承到今天，若果不需要學習，就不需要有文化。這些傳承、學習是很重要的。我們不斷學習，學深學淺，先學完畫得像，以後才去學畫得不像。

中國畫與西洋畫的審美不同，中國畫講「意到筆不到」，中國畫的意境會令你自己去想像，例如畫一個風箏，你不需要畫那條線，只要畫一個大人與小朋友在下面拉住線的姿勢，即使近看也看不到那條線，但你會感覺得到那條線，這些就是中國畫的「留白」，即是「意到筆不到」的空間，是中國畫的呼應。要如何才畫到呼應，就好像書法，這點與那點可以相差好遠，也可以相差好近，要視乎當時的需要，點得太近就會太擠逼，點得太遠又似乎與這個字沒有甚麼關係，這些就是中國畫的審美。中國畫與書法審美的最高境界，就是一個字 ——「虛」。虛心的「虛」，即是「鬆」。就好像練瑜伽，天天去練會好辛苦，尤其是年紀大的時候，關節僵硬，練到最後的目的是甚麼？就是練一個字 ——「鬆」。學太極、學武術都一樣，學到最後就是一個字 ——「鬆」。書法都一樣，一開始不停地寫，如果握筆太用力，寫出來的勢形一定是過硬；就像是走路，一般都不會走直線，一定是舒服、自由自在地走。所以，勢形硬了，就好像樹枝硬了沒有生命，有生命的樹枝是軟的，所以「鬆」是很重要的。在學習階段都一樣，小朋友或成年人學習，不可以對自己太緊，要時鬆時緊；就好像一杯水那樣，如果太滿就不能再添，要飲一些才可再添一些。

現代人很聰明，大多都讀很多書，知識很多，很有自信，覺得自己很厲害、不可一世，我遇過很多這類人。當然，有自信是好事，總比自卑好，但有時過於自信，就很難學習新的事物。就好像我剛才說一杯水的比喻，一杯水滿了，就學不了新事物。學習首先是要將自己本來有的才能放在一旁，一杯水滿了就倒去一些，無須擔心不可再添水，這才可以學到一些新的知

識，有新的學習。就好像學習書法、學畫畫，有些人的個性很強，你教他向東，他偏要向西，他認為自己不會錯。有些人會覺得自己為何不能跟大師級畫一樣的畫？以自己的聰明才智，為何寫的字不像王羲之的呢？他們認為這是不可能的。但他們沒有想到，時間是很重要的。那是需要時間去學習的，不是你想怎樣寫就怎樣寫。藝術不是搬磚頭，將一堆磚頭搬回來就可以了，如果是這般簡單，就人人都可以做到，但藝術不是搬過去就可以，有時是怎樣搬也搬不動的，所以要有正確的學習方式，這個很重要。

精華片段回顧

藝術在校園

楊楚傑校長 (下稱：楊)

聖公會阮鄭夢芹小學校長（2009-2022），曾任聖公會蒙恩小學 (2001-2003) 和聖公會呂明才紀念小學 (2003-2009) 校長。期間擔任教育局課程發展處視覺藝術科課程發展專責委員會委員 (2002)、行政長官卓越教學獎藝術教育學習領域評審團委員 (2012) 等。在教育學院主修「美術與設計」科，受聘為老師後已安排擔任「美勞科」科主任／科組長，統籌視覺藝術科教學和活動發展。晉升為校長後，除繼續發展視覺藝術科課程外，也致力將藝術教育融合於學校跨學科專題研習、班級經營、校園裝飾、校舍建設與維修、校外參觀和境外交流等，達致「藝術化生活，生活化藝術」。

葉淑婷校長 (下稱：葉)

閩僑小學校長，閩僑中學學校發展顧問。教育碩士（行政及管理）、基督教研究碩士，中國語文及文學碩士、美術及設計教育（榮譽）學士；哈佛商學院及哈佛教育學院學校管理及領導證書、學校課外活動管理證書。曾獲頒卓越教育行政人員 —— 優異教育行政人員獎。葉校長喜歡繪畫及撰寫圖畫書，其著作《摸摸天空》獲得香港圖畫書創作獎佳作；2022 書展出版《掃掃家居》。

一、引言

　　藝術是生活的一部分，也是校園的一部分。一直以來，香港的藝術教育給人不太被重視的感覺，尤其是在小學階段。今天我們邀請兩位小學校長，看看他們怎樣在學校推動藝術教育。

　　今天的嘉賓有聖公會阮鄭夢芹小學楊楚傑校長和閩僑小學葉淑婷校長，他們都是主修藝術教育的。

二、藝術的定義

楊：如果我們根據香港課程發展委員會的指引來說，當中提到在藝術教育學
習的領域中，最主要有四個學習目標。這四個學習目標就是：培養創意
及想像力；發展學生技能，因為在視覺藝術上，有很多技能需要學習；
亦強調培養評賞能力；最後，我們希望透過藝術教育，學生能夠學習到
作品對於當時或者自己的影響，我們稱之為藝術的情景。在我們的藝術
教育中，能夠做到這幾個目標的科目並不多，當中主要有音樂科以及視
覺藝術科，同時現在都有其他學習經歷可以達到這幾個目標，包括戲
劇、舞蹈、書法、戲曲，甚至現在流行的媒體藝術，不過今日我們就
集中講解視覺藝術。

葉：我對藝術的定義跟楊校長差不多，藝術其實是很廣泛的，包括：舞蹈、
文學、電影等等，我們經常都可以接觸到藝術。在「德、智、體、羣、
美」中，雖然「美」排最後，但美育同樣是很重要的。一個健全的教
育，必定包括藝術。藝術包含思考、創作、批判思維等。由於範圍太廣
闊，所以我們今日只集中討論視覺藝術。

三、藝術對自身的影響及重要性

葉：藝術對我來說相當重要。我自小已很喜歡繪畫，但畫不出我腦海想畫的
圖像，所以在小學階段，我的美術成績只是一般。到了中學時期，我開
始學習素描，便越來越喜歡繪畫了。而我個人喜歡創作，又愛天馬行空
及胡思亂想，令我可以有很多靈感。藝術亦有抒情的作用，例如當工作
辛苦或不開心時，看過話劇、電影或展覽後，心情豁然開朗，因為我
已沉醉其中，是一個令自己投入及放鬆的好方法。我可以說，藝術在我
生命中是不可或缺的。

至於以往的視覺藝術教育，我那個年代好像不太重視，任何老師都可以任
教。而我修藝術教育時曾經對自己說，將來這科一定不能成為「閒科」。

楊：剛才葉校長提到的都是事實，現今在學校裏，能夠給予視藝的堂數或時
　　數的確不足，我的學校只有兩堂，有些學校條件比較好的則有三堂，
　　但三堂真的不足夠。因為它不是主科，當我們去編排時間表，而老師
　　的課數不足，剩下一兩課時，就讓他去教藝術。因為體育、音樂比較
　　專門，不能隨便找一個老師去教，但在大部分人的心目中，藝術很容
　　易，隨便畫幾筆就可以。但實際上，我自己修讀視藝科，我覺得在視藝
　　教學的條件上，的確有很多限制，我都很慚愧。在做了校長之後，我都
　　想花心思尋找專才去教視藝，但奈何到編時間表時，必須公平公正，所
　　以令到本來修讀視藝科的老師不能夠專科專教，這亦是困難之處。但我
　　又覺得視藝對我們的影響，以及對學生的影響很大，所以，如果在可行
　　的情況下，我覺得真的有需要儘量給予本身修視藝的人更好的條件去發
　　展視藝。

四、小學視覺藝術科所面對的困難和限制

葉：小學界一直有一種風氣，就是甚麼人都可以任教視藝這一科。其實聽起
　　來真的很不是味兒，因為每一科也有其專業，因此我校銳意推行專科專
　　教，視、音、體的科主任都是專門教學，也是他們的主修科。而聘請
　　的老師都會挑選在本地或海外大學主修有關科目，因為教師的專業能讓
　　學生得益。我校幸運地有這一班專才幫忙去發展校本的視藝科。

　　至於教學限制方面，由於教學時間有限，也需趕課程，所以限制了創作
　　空間。至於校園環境方面，學校沒有足夠空間增設陶藝室、書法室等。
　　我到外國或國內參觀學校，由於當地地方寬敞，可以創造更多創作空
　　間，真令人羨慕。尤其一些外國的學校會設有一個位於頂樓、窗外景觀
　　遼闊的視藝室，感覺很舒服、很開揚。此外，家長的思維也對視覺藝術
　　發展有一定限制。

五、如何誘發學生對視藝的興趣

楊：剛才葉校長提到兩點，亦是我一直想做的工作。第一，我覺得視藝科的
　　內容非常豐富，當中包含的內容，可以有繪畫、素描、立體創作、版
　　畫或設計，所以它的內容可以透過不同的媒介表現出來。如果學生有個
　　創作的意念，或者給他一個主題，他可以不限於一個媒介去完成創作。
　　有些同學繪畫較好，有些同學在版畫上較易表達情感，有些同學做手工
　　比較好，尤其是現今新時代，不用單靠繪畫，可以用攝影或者電子圖像
　　作為媒介。所以我們覺得，現在我們做視藝的創作，比以前的空間更加
　　闊，接受程度高了很多。我希望所有老師，在創作或表達情感上，給學
　　生更多機會。另一樣則如上半場林天行先生所說，如果能夠把那個崇高
　　的情感發泄出來，學生的行為會好很多。在發泄行為的過程中，我認為
　　老師對學生的讚賞是很重要的。如果你說他畫得差，他下次可能不想再
　　畫，但如果你換個角度，其實做任何創作，學生都可以有他的個性和方
　　法。另外，一個作品不止一幅，我覺得每一個作品都有改善空間，可以
　　慢慢變成很多幅，到後來所謂完成的作品，實際上還可以發展下去，永
　　遠沒有停止。所以我們做老師，讚賞一定要多做一點，鼓勵學生創作，
　　他們從創作當中得到快樂、尊重、自信，他便會繼續做更多。我相信在
　　眾多限制之下，同樣可以發揮到視藝或者視藝教育的目標。

葉：以往我任教視藝，第一堂便告訴學生畫成怎樣不是最重要，享受創作的
　　過程才是重點。基本上我很少會把學生作品評為「C」級，只要學生真
　　正享受視藝堂，我也會給他們「B」級，作品美不美其實比較主觀。其
　　次，就是每一堂跟學生一起享受課堂。我們那時一邊繪畫，一邊唱歌或
　　傾談等，雖然時間很短，但亦能與學生建立良好關係。有些學生的作品
　　不是很美，但他們非常投入課堂，可能因為給予學生自由表達的空間，
　　令學生喜歡上課。此外，要令他們覺得課堂有趣，一定要讚賞和鼓勵學
　　生，亦不要打壓他們，否則會令到他們不想創作。正如上半場林先生說

要有好奇心和有創意，這些對從事藝術都是很重要的，所以大家教視藝的記得要多多鼓勵學生。

楊：因為視藝課的堂數比較少，而新課程推行了之後，又想我們達成四個目標，所以我們現在的視藝課程，最主要是透過單元教學的方式，即是設定一個主題，例如畫花。畫花前，學生可以先搜集資料，過程中可以素描、繪畫，甚至可以製成一幅版畫。透過不同的方法表達，能夠將情感宣泄出來。我們希望學生能夠覺得有趣，同時發現原來創作可以多元化。另一種方法就是專題研習，因為教育改革後，我們都希望有多點專題研習，如果大部分專題研習都在常識科中，我們亦可思考一下，結合視藝與常識。我們可以找一個題目，例如我試過在小學三年級的課堂中，以動物為主題，最後成品要做一個圖騰。這令到課程變得不再單一、沉悶，學生可以透過不同方式表達主題。

六、學校推行視藝的策略／課程內容及特色

葉：我校視藝課程做了一個全新校本課程，這個改革工程名為 Man+（Man Kiu Plus），是集教育、藝術創作、展覽、策展、佈展、導賞、欣賞和評鑒的藝術計劃。而七個「M」分別代表：M for Modern Art, M for Museum, M for Manpower, M for Motivation, M for Masterpiece, M for Meaningfulness and M for More。以下是每個「M」的解釋：

M for Modern Art

一年有三十二節課，每個學生都有自己的作品冊，將所有課程、創作記錄在內。由小一至小六會學到印象派、超現實主義、普普藝術等。畫家方面有齊白石、梵高、草間彌生、畢加索等。在一至六年班都會滲入不同的藝術家，再鼓勵他們創作和欣賞。

M for Museum

學校在不同區域設有不同的藝術展示空間，例如一樓走廊變成展

覽長廊，將不同藝術家和學生的作品融合，基本上整間學校都貼滿作品，主要是希望學生於任何時候都可以接觸到藝術。

M for Manpower

本校專科專教，教師畢業於香港中文大學藝術系、香港理工大學美術設計教育系、英國及美國大學藝術碩士等。除了有視藝教師，還有二十位藝術大使，他們會定期聚會，更會跟老師商量怎樣展示一些畫作或設計佈置區，學生會一齊參與和製作。每逢星期五都會有一個小時給藝術大使去策劃不同的工作。

M for Motivation

有一個藝術大使行動組，學生要親力親為去做，亦要幫忙挑選作品和將作品裝裱，令他們學會創作之外的其他技能。

M for Masterpiece

我們在 2020 年 1 月於賽馬會創意藝術中心舉辦了一個師生展覽。首先，我們收集了大約二百多位學生和十一位老師的作品，部分老師雖然不是教美術科的，但他們也愛創作，而我也有展出部分作品。此外，作品由繪本的幻想世界，走到現實的人、事、物；由平面二維空間，到立體雕塑處理；由傳統藝術，到開放式創作，盡顯閩僑小學學生的藝術潛能、創作思維和繪本藝術視野。有些觀賞者以為是中學生的作品，但仔細看會發覺是小朋友的創作，只是當中的陳列和拼合的方法給人有這種感覺。

M for Meaningfulness

很多父母為口奔馳，沒有時間帶子女到藝術館，但我們會安排學生分批去參觀，屆時亦有導賞，令他們知道參觀博物館應有的態度。之後也有一些工作坊或工作紙，讓他們把感受表達出來。

M for More

藝術是可以持續發展的，Man+ 計劃還未完結。我們亦與 M+ 博物館合作舉辦工作坊，學生可從中接觸藝術家。此外，學生參加 M+ 敢探號工作坊，學習一些新的藝術。我們還加入了飄流教室（Mobile Learning）項目，繼續進行藝術教育工作。

其實，藝術就是生活，所以 M for More 可以在生活中延續，例如見到牆壁上有污漬，老師提議將它轉化成為藝術創作，便在上面畫了隻蜜蜂；又或者施行工程時出現的瑕疵，我們也將它轉化成為藝術作品。而這些也是學生和老師在傾談中加以發揮，把腐朽化為神奇的結果，正正就是「M for More」，將創作力繼續發展及延續。

七、視藝科以外的策略／其他方面如何配合視藝

楊：我們都有同樣心態，因為視藝科只有兩至三堂，如果你單靠兩堂作為主要教授的時間，其實沒有辦法令到視藝科變得精彩，所以我們希望視藝科能夠融入學校生活的每一部分，或者考慮能否在其他科目中滲入視藝元素，令學生無時無刻都接觸到視藝。舉個例子，我們曾經在中文科進行「童詩童畫」的活動——首先，學生用中文作了一首詩，然後根據那首詩去畫一幅畫；或者英文科都可以，我們說一個故事，讓學生去重畫繪本，甚至在故事創作之後再轉化成繪本，亦是一個好方法。如果我們儘可能去想一些方法，就可以把視藝的足跡遍佈生活和各個科目。另外，我相信現時大家都很常聽到 STEM，如果加入視覺藝術進去 STEM，加個 A 就變成 STEAM。現在大部分學校都是這樣發展，所以視藝的生存空間仍有很多。現在還有提到用資訊科技、電子媒體，去延伸視藝的創作。

我用班級經營為例，現在好多學校已經實行全日制，課室充滿自己班別的特色，正如葉校長剛才所說，外國的課室比較大，可以擺放家具，將課室佈置成家一樣；或者老師本身喜歡某一個作品或畫家，亦可以將

課室佈置得很特別。我上次去葉校長的學校參觀，有些老師真的將課室佈置得很漂亮。我都想講解一下壁報，我們可以用很多佈置，例如節日等不同主題來做壁報，從而令學生多參與。我見到低年級的同學可能未必做得到壁報，老師可以怎樣做呢？例如，班主任可以先做個底，像做聖誕壁報一樣，叫每個同學回家做一個聖誕老人、一棵聖誕樹等等，一同貼上壁報，這亦是一個讓學生多參與的機會，壁報不一定要創作得很漂亮。

我們不時都會有文化日。舉個例子，我們可以在文化日教他們寫書法。我們平常很少寫書法或者揮春，揮春的創作當中可以有書法，亦可以有其他創作元素。現在的揮春很精美，有很多圖案和文字，亦可以有好多變化，不再只要寫漂亮的毛筆字。藉着這些機會，讓學生接觸更多視藝。剛才都有提到一些比較優秀的學生會成為藝術大使，我們都有邀請這一批同學加入視藝學會。我很鼓勵視藝科老師，集合一羣精英再加以培訓，這批學生可以做好多事情，為學校改善環境。學生的作品中，有些參加過比賽，我們會將它們放在學校的不同角落，供其他同學欣賞。曾經有一幅畫，在同學參賽之後，我們發現洗手間門口的電線滿佈四周，很混亂，所以我們選擇用這幅畫去遮蓋它們，亦都可以讓學生有機會展示自己的作品，同學、家長，甚至賓客都覺得很漂亮。在那些讚賞當中，學生可以獲得成功感。

葉：說起文化，兩校也有相似的地方，如在不同課堂中會加入專題研習、舉辦節目活動、跨學科活動等元素。這並不代表跨學科一定要加視藝科，而是希望他們一早在視藝科學好基本功後，在跨學科中用得上，因此視藝科擔當着一個重要的角色。

其中一次的專題研習與「文化日」串連在一起。我們把學校化成機場，把樓梯變為機艙，有白天和黃昏時機艙外的景色，學生裝扮成飛機師、空中服務員等。而研習內容是探究不同的國家，因此課室門口有登機

板，是香港人最愛的「打卡」位置。門口玻璃貼了離境大堂、海關安檢道等佈置，學生看見這些佈置都異常興奮，非常投入。

葉：本校有四成是非華裔學生，他們來自世界各地。因此文化日能夠讓他們認識不同國家。學生拿着「閩僑護照」到不同課室旅遊，而老師也設計了不同國家的印章，如：日本、中國等。學生每到一個地方，可以獲得一個印章。此外，最傳統的莫過於時裝表演，令大家可以親身感受不同國家的文化和每個國家的工藝，例如有學生特地從斯里蘭卡訂製衣服，令我大開眼界。

此外，「閱讀日」也是一個可以配合視藝科的活動。學校於每年 10 月 31 日舉行閱讀日，學生化成書中人物角色。很多東西不一定要用錢買，也可以自己做。老師、學生和家長也有親手製作不同服飾。例如有件衣服很出色，是一位家長親自縫製的；另一個學生將紙袋倒轉，然後上顏色，變成了「屁屁超人」；也有以《愛麗斯夢遊仙境》為主題的創作。當時我的衣服是自己用「衣車」縫出來的，真是自由創作、豐儉由人。

另外，最近我們跨學科主題是「疫症」，疫症停課或只有半天面授課，令課程緊逼。我們不想純粹追趕課程進度，因而也有跨學科專題。在視藝、數學、中文科等進行跨科學習，有口罩設計比賽、海報設計等，鼓勵大家快樂地面對疫症。

最後，讓學生參加不同的比賽。我們鼓勵學生去參觀花卉展等比賽，因為這是一個很好的學習機會，去看看別人怎樣畫。另外，我們和家長亦一起將校園的一些舊椅子進行設計、翻新，既有創意又環保。

八、營造校園藝術氛圍／藝術在校園

葉：我們有很多物資是由他人捐贈的。有一間酒樓因結業的緣故，所以送贈了一張沙發給我們，雖有點殘舊，但老師就將它包上黃色的布，加上

波點，用以介紹日本藝術家草間彌生的創作風格，非常特別。畢業禮時，有很多學生也喜歡在這張沙發拍照，他們在不知不覺中認識了這個藝術家；還有樓梯、校徽等，我們也重新設計，這些生活細節也與藝術有關。

在後樓梯方面，本身每個後樓梯位置都有一條很舊的水渠，老師很用心將它化成一個中式的斗拱，而家具都是別人捐贈的，牆上有一幅畫是學生畫的，我們將它放大了貼在牆上。在另一個後樓梯，我們將它命名為「閩僑 Coffee Shop」，希望學生小息時可以在這裏休息。我們又將水渠變成燈柱，遠看就好像一支街燈。

在不同的學校設施，我們都做了不少設計和裝飾，例如老師重新設計了一道普通的大閘；在圖書角設計了一些雲，我自己最喜歡雲，希望學生也能享受其中；在工友的總務室，我們亦用馬賽克將它變得漂亮了。每年的聖誕節、感恩節、新年、閱讀日和文化日，我們都會佈置校園，令到整個學校的氣氛有所不同。

在課室方面，老師配合班級經營，花心思地將它佈置，令學校有家的感覺。而我們這幾年推行正向教育，老師很用心地創作了一些藝術作品，我只是提供一些圖騰給老師，他們就將其設計成一些正向卡。

在手冊方面，我們也特別設計了新的校徽，也將國際化的主題用於設計校徽和手冊上。校服是我和朋友一起設計的，新校服看起來比較精神亦很美觀，學生都很愛穿。曾經有記者以為學生穿便服回校，那其實是體育服！美感是很重要的。

九、最深刻的視藝活動

葉：上年適逢學校五十週年而舉辦的師生藝術作品展，因為社會事件而取消了，之後再重新租場，最終得以順利完成，實在感恩。整個展覽用一些

名人的句子來貫穿不同的展區，學生的參與度很高，當中展出了師生的作品，以不同的佈置作為襯托，令整個展覽凸顯學生的創作思維，盡顯學生藝術潛能。

十、疫症期間沒有面授課，如何推行藝術教育？

葉：抗疫期間，有些學校會刪減「視、音、體」，只剩下「中、英、數、常」，楊校長又會怎樣處理？

楊：其實，我們9月已經實行視像上課，時間表都儘量不減少這些科目的堂數，當然體育科沒有辦法，因為限制只可上一節，而視藝就上兩節，沒有改變，但老師教授、評賞都很困難。所以我們在疫情之下，都儘量去思考一些新的方法去處理這個缺失，因為實際上由1月停課到現在，差不多一年，有很長的真空期，尤其是藝術方面不被重視時，學生很少有機會接觸。我們嘗試在抗疫期間，將中西方的繪畫元素拍成片段。當中有一些歷史的部分，需要介紹情景，我亦都有分享一下抗疫的訊息，例如荔枝可以表達甚麼抗疫訊息呢？之後，我們一同去拍攝、講解，過程中亦要教授技巧，例如，我們找到畫荔枝的四種方法，就即席示範，一邊拍，一邊教，學生一邊觀看，一邊學習，同時亦邀請不是修讀視藝科的老師，一起參與拍攝和畫荔枝，因為他們能夠畫到，代表學生都畫得到，從而希望令學生有更多信心；在學生看完並畫完荔枝後，我們就給予他們金句，鼓勵他們面對逆境時要有信心。我們會將學生的作品放在學校網站上，全部學生都上載作品後，老師會為其評分，並給予一些意見。到了7月，我們會邀請同學交作品，再舉辦一個展覽讓他們去參觀。當6、7月學校復課，他們回來的時候，大家見到作品後，感受很深。藉着這個機會，我們想嘗試一下，在課室的細小空間裏，利用環境或科技，在活動上或各方面想方法做一點特別的安排，將藝術慢慢滲透給他們，讓他們接觸更多藝術。

葉：抗疫期間有些學校會取消視、音、體的課堂，只有「四寶」——中、

英、數和常四科。而我校在疫症期間，覺得學生在家中會比較悶，所以我們沒有取消視、音、體。視藝科有「漂流教室」，老師會親自教學生畫巴黎鐵塔、悉尼歌劇院，也有老師教他們拍攝、剪輯影片。曾經有學生剪輯了一段影片，他用 LEGO 人去創作，最後我在散學禮時播放，片段很有意思，大家看得很投入。希望大家於疫症期間想方法，令學生不會過得太悶。

楊：我都同意，因為在我們的小學，大家都想盡辦法，令同學在學習視藝教育時能夠開心、滿足，未必要求他們將來從事藝術創作，但很多時舊生回來都經常提到，他們參加了交流團或視藝學會；回校時，又很喜歡在學校遊走，因為想尋找新發現。所以我認為，我們應該儘可能在不同環境、不同環節和生活上，不斷在他們的思想和生活上滲透更多美感、創作和豐富的想像力，完成視藝教育，或者藝術教育界的目標，這是最開心的。

十一、總結

葉：其實小學階段是學生的吸收期，我們希望學生可以喜歡藝術、親近藝術、欣賞藝術，從而學習藝術，這是涵養的培育。台灣藝術教育提到，有涵養的人就會有品德（Morality）、有品行（Conduct）、有品格（Character）、有品味（Taste）、有品質（Personality）。修讀過藝術，整個人的氣質都會有所不同。

「藝術生活化，生活藝術化」，正正和楊校長的「刻意安排，無聲滋潤」不謀而合。

精華片段回顧

生命及價值觀教育在香港：回顧與前瞻

李子建教授

香港教育大學課程與教學講座教授、宗教教育與心靈教育
中心總監。

　　大家好！今天，我很榮幸能夠獲邀出席這次演講，今天要講的主題是
「生命及價值觀教育在香港：回顧與前瞻」。其實，生命及價值觀教育和每個
人的成長和生活息息相關，在現在疫情嚴重的環境下更值得關注。大家聽到
這個題目可能會覺得複雜，那不妨記住這組數字「323+2」，我要分享的內容
分別是生命教育的三個取向，生命教育的兩個維度，以及生命教育中的三個
（加兩個）議題。

　　首先，讓我簡單介紹一下甚麼是「生命教育」。

　　甚麼是生命教育呢？根據文獻，生命教育源自西方，其實生命教育
與德育頗有密切關係，但不限於德育的範疇。不同學者專家和宗教領袖對
生命教育有不同看法（張仁良，2019；閆秀勇，2021；Lee，2020；王秉
豪，2016；李子建，2022a，2022b；張永雄，2010；譚麗施、李子建，
2022），接下來會與大家分享。

　　生命教育的概念雖源自西方，但在不同地區的發展已有數十年的歷史
（黃德祥，1998，孫效智，2019；Lee, Yip & Kong, 2021）。我今天對生命
教育並不是進行哲學討論，也不算是學術上的討論，只是針對這個題目初步
分享個人的看法。

在學校，價值觀教育不是一門專門學科，而是涉及生命教育、道德教育、正向教育等，或可說是品格教育（Character Education）（張菀珍，2009；黃迺毓，2015）。生命教育到底是甚麼？學者對生命教育有不同的見解，例如顧明遠教授（2019）認為「教育的本質是生命教育」（李子建，2022a），亦有一些學者認為生命和教育本是一體（宋子節、岳弘彬責編，2020）。我認為，生命教育的其中一些學習目標是讓學生學習珍惜、尊重和欣賞生命（張永雄，2010；人間福報，2012）。據世界衛生組織研究資料顯示，人類越來越長壽，2019 年全球人類的平均壽命約為七十三歲（World Health Organization, n.d.）。各位希望自己能活到多少歲呢？大家身處的香港，是全球最長壽的地方之一，其中女性一般而言又比男性長壽，相信大家將來很可能會「長命百多歲」。對比以前，現今社會科學昌明、醫療技術進步，人類活得較久，人生歷程也就更長。終生學習成為人生歷程中不可或缺的一部分，也是生命教育的目標之一。根據部分學者的說法，生命是一個成長歷程，從生命教育的視角而言，個人會在不同的階段和時空提問或探求人生意義，人必須不斷成長，即使到了我這個年紀，都必須努力學習，透過工作，與朋友交往、互動，不斷提升自己，反思對生命問題的理解。因此，成長、終生學習都與生命教育有關。

現今，人們面對很多複雜的多元價值議題，尤其部分學生和年輕人，往往未能分辨是非對錯，這可能與道德教育、法治教育，甚至最近常討論的國家安全教育等有待加強有關。身為公民和國民，應如何履行公民責任、如何保護國家呢？這與個人行為和個人修養有密切關係。

因此，我個人認為生命教育可以有助個體應對不斷變化的社會和挑戰，因為世界不斷在變化，作為活在 21 世紀的一分子，作為一個學習者，終生學習才可面對社會、全世界，無論是科技帶來的，或是不同議題帶來的一些轉變，甚至是挑戰。就好像現在新冠病毒肆虐全球，受疫情影響，很多朋友原本是不能出席這個論壇的，但隨着科技進步，活動可改在網上進行，當然大前提是大家要學習、掌握這些科技，這也算是廣義的生命教育的一種。

現在，我要介紹一下生命教育的取向。

生命教育可以包含不同的面向，部分學者提倡與生命教育有關的「三生教育」，涵蓋生活、生命或生涯面向（蔡昕璋，2018；李子建，2021；佛光大學通識教育中心；馮天春、張可佳，2015；羅崇敏，2018；李子建，2022a），簡單的說，也可以稱為人生教育，即是人生發展的教育，包括學習、成長，學習如何成為一個有道德及守法的人及如何面對社會未來急劇轉變。有關生命教育的取向，不同生命教育的專家有不同的分類（黃德祥，1998；黃文三，2009），現簡介其中三個取向（黃德祥，1998）。

第一個是宗教取向，香港許多學校都和宗教團體、慈善團體有關，宗教辦學團體有基督教、天主教、佛教、道教、伊斯蘭教等，所以在校本的情況下推行生命教育，會根據宗教辦學團體對生命教育的理解而進行，對生命教育的演繹、發展，可能略有不同，因此宗教的取向，會作為生命教育的其中一個取向。

第二個是健康教育取向，當 2019 年底內地開始爆發新冠病毒，國家的報刊談到生命教育時，同時會提到甚麼呢？就是健康教育的面向（李子建，2020a；李子建，2022a），尤其要珍惜生命，因為疾病會影響人的健康。而健康方面也有兩種，第一種是身體的健康，第二種現在說得比較多，是心靈的健康，或者稱作心理的健康，所以看到很多學校有時候推行生命教育，會加上正向價值觀，或者一些抗逆力元素（梁錦波，2018）。可能大家聽說一些學校，希望着重培養同學的抗逆力（沈雅詩，2021；星島網，2020），又或者其他正向教育元素的，其實都是希望同學們在心理方面有一個比較正向的發展，所以第二個健康教育取向或可稱為生理和心理健康取向的生命教育。相信大家在這個艱難的時期，都會多關心了身邊人身體和心理的健康，身心健康對於大家來說都是很重要的。

第三個是生涯規劃取向，這可能跟香港最近其中一個課程改革有關，即

是生涯規劃教育（李子建、姚偉梅、許景輝，2019）。大家知道生涯規劃教育近年都有在課程改革或者教育文件裏提到（香港教育局，2017，2021a，2021b）。正如我剛才所說，如果人的生命長度不同了，工作方面也會受到影響，大家看到很多不同報告，很多國際組織都說個人，特別是年輕人，將來在退休之前，可能要做很多份工作，就算同一份工作，也會有不同崗位或者工作範圍。在新的脈絡下，廣義的生命教育研究者要思考如何在教育機構幫助學生和年輕人，去思考未來生活、生涯、工作等問題，現在學校推行生涯規劃教育不只為了尋找工作或升學機會（秦偉燊等，2020），而是比較寬廣地去考慮未來個人的成長和發展（Lee, Cheung & Li, 2019）。

生命教育裏有一個名詞，稱為生死教育（伍桂麟、梁梓敦、鍾一諾，2019）。有一些地方比較注重死亡教育，如何面對死亡，是每個人都要經歷的過程。死亡在某些文化或者理念上，恐怕還是一種忌諱，但是有很多地方都建議用一個比較正面的態度去看待死亡。於是不要光說死亡，不如稱為生死教育。有不少電影都會帶出與死亡有關的意義，例如《玩轉極樂園》電影讓我們反思生命的議題（畢明，2018）。

除了上述的三個取向，還有一些學者說要關心生活和生存（林思伶，1998；黃德祥，1998；馮天春、張可佳，2015；羅崇敏，2018），因為個體的生命大致上離不開生活和生存，生活簡單來說，就是與人相處，如何在不同的角色中做得更加好，裏面也有很多牽涉到價值觀的問題。從上述的取向介紹生命教育，內容已經是非常寬廣，有些學者提出生命教育有四個導向，叫做「天、人、物、我」或「身、心、社、靈」框架（林治平等，2004；Lee, Yip & Kong, 2021；梁錦波，2011；李子建，2022a，2022b），先由自己或自我開始。儒家《禮記・大學》說，首先要修身，由自己開始修身，然後齊家，接下來治國，最後平天下。從其中可以看出一個層次，先由自己開始到家庭，當然現在不止家庭，我們有朋友，在社會裏有不同的角色，到國家，最後到天下，這個天下或者可以理解為全球。如果放在2022年，我個人的理解，或者可以視作全球的視野或視角。

現在，我要介紹的是生命教育的兩個維度。從不同的視角看生命教育，也可能衍生不同的層次和維度，涉及的範圍也很廣。不僅是物質，不只是社會，也包括大自然的環境、生態環境，所以有一些生命教育取向，一開始就提醒要對大自然尊重、要愛護動物、愛護大自然，全部有生命（及沒有生命）的東西都要愛護，與可持續發展教育有一定程度的關聯（李子建，2002）。今天講的生命教育的內涵性是非常廣的。

第一個維度是課程與教學的維度。我個人的看法就是它有它的強項，但是也有它的限制。強項是甚麼呢？只要你的學校想推動生命教育，我們進行對話或者合作的可能性相對地較大，因為範圍廣，喜歡德育可以談生命教育跟德育，推動生涯規劃教育我們也可以合作，健康教育更加沒有問題，探討生死教育也可以，從宗教視角探討生命教育也不是不行，因為不同宗教對生命及其意義有不同的看法。但是限制是甚麼呢？最強的地方也可能是弱點，我個人認為是因為生命教育的範圍太大了，最核心的東西是甚麼呢？就是到最後要問，生命教育要用甚麼角度看待和探究，是宗教、哲學或是心理學，究竟是不是可以以其他學科的知識，觀照這個範圍及相關問題呢？

第二個維度就是價值觀。價值觀的形成取決於人的內在及外在因素。如果看大的脈絡，中華文化的脈絡有它的歷史，有它的文化語言，從這個視角會看到不同的東西。中華文化博大精深，經常講的儒、釋、道等，都有很豐富的哲學文化內涵，單是儒家本身，也有很深厚、很精彩的詮釋和道理，給人生很多的啟示。談到香港的時候，作為中國人，雖然有中西文化匯聚和過往（可能現在仍有）受到殖民統治的影響，但也是在中華文化脈絡中不斷成長。香港學校教育也有一個課程脈絡，香港的生命教育不算是一個既定的科目，它不是一個專科，即使有的學校不是做生命教育，也可能涉及生命教育相關或德育相關的元素，多多少少跟廣義的生命教育有些關係（李子建，2022a，2022b）。另外，世界不斷的變化，包括科技、人工智慧的進步，我早幾年參加研討會的時候，經常會提到一個問題，如果教師身邊有一個科技很進步的機器人，那麼教師的角色是甚麼（李子建、龔陽，2019），有甚麼

是機器人取代不了的呢？這就是第一部分要講的生命教育。

第二部分就回到教育的基本概念，這個可能講一節課都講不完，簡單來說，其中有兩個概念。第一，今天講的生命教育，或者是德育與價值觀教育，究竟可不可以教呢？我個人覺得是可以教的，不過也有人說，你不要直接教學童，只是引導他思考澄清價值觀（范士龍，2014），否則便是灌輸。也有人說灌輸傳統優秀的價值觀和規律，或者可以考慮一下（張莉莉，2010），所以我們也要從教育的角度入手，想一下適宜和可行的做法，特別是針對生命的價值觀教育。

有意見認為內在的善和潛能需要有正確的引導才能展現出來。有些人說學校要講校風，傳統的校風要人感染人，因為教育工作是人影響人的事業，是社會氛圍，是學校氛圍去帶動，這點我頗認同的。因為你看到每間學校的校風可能都不一樣，有宗教背景的學校，我想感受可能也不一樣，這要考慮究竟如何推行德育及價值觀正向教育。在中華文化，孟子說人是性善，其實是甚麼意思呢？就是內心本身是向善的，以我粗淺而有限的理解，是有向善的潛能存在，只要引發出來就可以了，就是說你引發到內心正面的價值或思考就可以了。孔子則是通過對話進行教育的（王鑫宇，2020）。人本身具備向善的潛能，儒家孔、孟建議把人的潛能引發出來，達致身心合一的修養（潘樹仁，2013）。孔子「仁」與孟子「惻隱之心」思想在培養具有「愛」與「慈悲」的生命個體上，對生命教育甚有深刻的意義（施宜煌、葉彥宏，2021）。

第二，如何實施生命教育，這與培養「自律」及／或「他律」（Piaget, 2013）的人有關，例如皮亞傑的相關概念（徐享良，2000）。學校課程有時間表，規劃時間出來做甚麼呢？這個是時間與課程空間的問題，究竟是通過一個科目、一個主題、一個文化課程還是一個歷史課題去學習？歷史課題也有很多的歷史人物是值得我們學習的榜樣。如果我們說道德教育大體上有兩個部分，第一部分是自己的內在，道德理論或心理學的知識裏有一個概

念叫做「自律」，另一部分是社會規則，叫做「他律」（羅范椒芬，2004；黃意舒，2012；張婕，陳潔，2017）。自律就可能是接近中國文化裏一種稱為「慎獨」的理解，源於《中庸》：「……是故君子戒慎乎其所不睹，恐懼乎其所不聞。莫見乎隱，莫顯乎微，故君子慎其獨也。」（饒宗頤名譽主編，劉桂標、方世豪導讀及譯注，2020）。「慎獨」根據我個人的理解，就是說沒有人在身邊時，自己撫心自問內心究竟是怎麼樣的？沒有人去監察你、沒有人去監控你，你自己問自己，就是內在自律，不用其他人告訴你，你自己去培養正向的價值，或者是有道德價值取向的做人原則，邁向人生的高尚境界（陳章錫，2020；淨空法師，2016）。但是一個人也身處在社會中，這個社會是有規則的，是有法則的。就是說不僅是個人的問題，是我們身在一個社會，要守法，守規矩，班也有班規，學校也有校規。雖然身處在一個不完全是自己單獨生活的社會，但是人的行為和想法如果完全是靠他律，靠外面的規則似乎又不太可行，我認為一個人是需要自律，也需要他律，因為人有自己內在的正向價值，或者做人的原則，也要尊重，遵守必要的規則、規矩，也要尊重跟自己不同的看法。

在這，我要提一下生命教育中新的價值觀。最近幾年，教育局提出三個新的價值觀，一個是守法，一個是同理心，一個是勤勞（課程發展議會價值觀教育常務委員會，2021），以同理心為例，它是一個頗複雜的概念（李子建，2022c），以我有限的了解，由於每個人不一樣，一方面宜設身處地考慮對方的處事方式和想法（星雲大師，2006；何享憫，2010），儘管對方跟自己看法不同，跟來自不同社經文化背景、生活經歷，或者有不同的宗教信仰，甚至沒有宗教信仰的人交往互動的時候，都要尊重與接納（Williams，1996；何享憫，2010）。另一方面同理心可參考「己所不欲，勿施於人」（源於《論語‧衛靈公》）的原則（何享憫，2010），衍生關懷的行動（許玫倩，2015；吳怡璇，2020）。所以這是一個我認為頗重要的部分。如果現在回顧最新的課程文件，除了一直強調的價值觀之外，更多了守法、同理心和勤勞。回看80年代至90年代的文件，都有不同的指引，80年代有學校的德育指引、公民教育指引，也有教育改革的文件，還有基礎教育的指引（鍾明

倫、李子建、秦偉燊、江浩民，2018）。為甚麼今天一開始講的題目，叫「生命與價值觀教育」呢？如果沒有記錯，香港教育局（2014）的相關文件也提到一個圖表，裏面有很多的價值觀，生命教育可以說是其中一類價值觀教育，這是我個人的理解。如果談生命教育，我覺得可能要跟德育，跟很多其他的價值觀教育，譬如說可持續發展教育、法治教育、甚至國家安全教育等，都要有一些互動，至少在概念上要梳理或溝通一下，所以價值觀教育隨着時代的變遷和需要、學校課程的內涵從而產生了一定的變化。

説到價值觀教育，我們的團隊最近也得到華人永遠墳場管理委員會（簡稱華永會）支持，開展一個「終‧生‧大事」計劃，裏面不只是講生死教育，而是從生死教育再拓闊一點看生命教育。該計劃其中一個活動是宗教領袖的分享（香港商報網，2020），有幸聽到很多宗教領袖很有智慧、很有深度的分享，我嘗試去總結，同時加入了自己的看法，叫做「A、B、C、D、E」（李子建，2022c），現經修訂與大家簡單分享。

A 是 Amaze（驚奇）和 Appreciation（欣賞）（慧開法師，2022a）。我個人認為，生命成長（周育如，2021）和不同的（包括大自然的）生命故事，都充滿「驚奇」，同時值得欣賞生命的奧妙和新奇。B 就是 Birth，也就是我們出生。C 是 Choice，人生中有很多選擇，有很多的決定，同時有很多人和事值得大家的關心和關懷（Caring）（Noddings, 1984）。大家要關心朋友、關心父母、關心自己，要愛惜自己的生命、愛惜他人的生命，包括大自然很多的生命。在可能的情況下，多一點關懷，儘量幫助別人，做更多的好事。D 就是 Death，也就是死亡，生與死中間的人生或者生命裏我們面對不少議題。另外，E 是甚麼呢？其中一個是 Engagement（Ho, 2021），生命教育或者很多的價值觀教育，建議人要投入生命和生活經歷當中，例如 Seligman（2011）提出的真正快樂或幸福感模式（稱為 PERMA 模式）包含正面投入的元素（李子建，2022a）。另外一個叫 Existence，就是每個人的存在都是獨立的（黃文三，2009），我們既然有這麼難得的機會活在這個世界上，擁有主體性和獨立性，應該要好好的去珍惜。

作為展望，大體上有三個議題：第一個，推行生命及價值觀教育也好，德育也好，我覺得持續性很重要，持續性無論是在學校或是在整個教育發展中，不是做一兩年就可以了，中華歷史文化教育需要細水長流，源源不斷的持續發展方式；第二個要留意的是有效性，有效性是不容易看到的，因為人的價值觀，不是純粹靠心理量表，或者是科學化的測量可以做到，需要的可能是一些質性的評價（李子建、謝夢，2022a），甚至可能是一種反思，以對話的方式去體現成長的轉變；第三個，科技對於未來推行生命和價值觀教育，或許有新的可能性，因為科技可以超越很多時間、空間的限制，這個有機會可以跟大家再說。

最後，我想再多講兩點。第一，香港最近談論較多的議題之一，就是粵港澳大灣區的發展（鄧飛，2018），如果進行生涯規劃教育的時候，可以考慮大灣區這個新的發展情景和前景，對於未來的生活和生涯規劃，對於國家都應該有積極的意義，我們都需要了解（李子建，2020b）。另外，也可以想一想全球素養（黃文定，2019；廖于瑩，2020）或者國民與世界公民的身份（梁錦波，2018；區婉儀、李子建，2022），因為在很多有關教育的討論中，個人不只要認識本地、社會、國家，關心大自然，還需要全球視野，也要追尋生命的意義，我相信這些都是生命教育裏非常值得進一步討論的（宋子節、岳弘彬責編，2020）。我今天拋磚引玉，這些只是我個人的看法，並不代表香港教育大學及聯合國教科文組織的立場及觀點。不知道大家還記得一開始請大家記住的數字嗎？「323+2」，分別是生命教育的三個取向、兩個維度，以及三個（加兩個）相關議題。很榮幸有機會在這個場合跟各位朋友分享，多謝大家。

聲明及鳴謝

本文是基於校長論壇講座內容修訂和補充而成，不少內容已在其他有關生命及價值觀教育講座或網上分享，或者在中英文刊物和學報刊登，以及在近作（李子建，2022a，2022b）發表或待出版，基於篇幅所限，大部分參考文獻從略。作者感謝中

華教育文化交流基金會會長趙東曉博士（集古齋董事總經理、香港管理學院執行院長）的邀請，以及香港教育大學人文學院中國語言學系一級高級講師區婉儀女士、講師賴志成博士，學術及首席副校長室張希彤女士和廖凱兒女士協助編輯本文。

李子建教授現為香港教育大學課程與教學講座教授及宗教教育與心靈教育中心總監，以私人身份參與是次講座，所發表內容及觀點僅代表李子建個人的意見，大部分參考文獻從略，並不代表香港教育大學及其觀點與立場。

精華片段回顧

參考資料

（英文資料）

Bass, R. V. (1997). The purpose of education. *The Educational Forum, 61(2)*, 128–132.

Bass, R. V., & Good, J. W. (2004). Educare and educere: Is a balance possible in the educational system? *The Educational Forum, 68(2)*, 161-168.

Craft, M. (1984). Education for diversity. In M. Craft (Ed), Education and cultural pluralism (pp. 5-26). London and Philadelphia: Falmer Press.

Ennis, C. D., & Hooper, L. M. (1988). Development of an instrument for assessing educational value orientations. *Journal of Curriculum Studies, 20(3)*, 277–280.

Ho, L. S. (2021, September 7). Life education is important for our students. *China Daily.* https://www.chinadailyhk.com/article/a/237066

Hoffman, M. L. (1984). *Interaction of affect and cognition in empathy*. New York: Cambridge University Press

Jewett, A. E., & Ennis, C. D. (1990). Ecological integration as a value orientation for curricular decision making. *Journal of Curriculum and Supervision, 5(2)*, 120–131.

Knight, G. R. (2018). *Issues and alternatives in educational philosophy (4th ed.)*. Berrien Springs, MI: Andrews University Press.

Lee, J. C. K., Cheung, C. H. W., Li, M. Y. H. (2019). Life planning education and life education: Lifelong learning perspective. *Hong Kong Teachers' Centre Journal, 18*, 57-7

Lee, J. C. K. (2020). Children's spirituality, life and values education: cultural, spiritual and educational perspectives, *International Journal of Children's, 25(1)*, 1-8. https://www.tandfonline.com/doi/full/10.1080/1364436X.2020.1790774

Lee, J. C. K., Yip, S. Y. W., & Kong, R. H. M. (Eds.) (2021). *Life and moral education in Greater China*. London: Routledge

Lee, J. C. K. and Yip, S. Y. W. (2021). Teacher education and role of educators under the context of educational change in the twenty-first century: Prospects and challenges. In J.C.K. Lee and T. (Eds.) *Quality in teacher education and professional development: Chinese and German Perspectives*. London: Routledge.

Noddings, N. (1984). *Caring: A feminine approach to ethics and moral education*. California, US: University of California Press.

Piaget, J. (2013). *The moral judgment of the child*. London: Routledge.

Seligman, M. E. P. (2011). *Flourish: A visionary new understanding of happiness and well-being.* New York: Free Press.

Williams, L. K. (1996). *Caring and Capable kids: An Activity Guide for Teaching Kindness, Tolerance, Self-Control and Responsibility.* https://eric.ed.gov/?id=ED395697

World Health Organization (n.d.). *Global Health Estimates: Life expectancy and leading causes of death and disability.* https://www.who.int/data/gho/data/themes/mortality-and-global-health-estimates

（中文資料）

畢明（2018 年 1 月 1 日）。〈《玩轉極樂園》：死的教育〉。《明周》。取自 https://www.mpweekly.com/entertainment/film-music/film/20180101-96584

蔡昕璋（2018 年 3 月 1 日）。〈彩繪繽紛的生命：「三生教育」創意教學之學生學習成效〉。《學生事務與輔導》，第 56 卷 4 期，頁 35-49。取自 https://www.airitilibrary.com/Publication/alDetailedMesh?docid=20769490-201803-201805170006-201805170006-35-49

沈雅詩（2021 年 11 月 23 日）。〈教學有辦法：「校長爸爸」建關愛校園 正向教學灌溉幼苗 抗逆力 Up〉。《明報 HappyPaMa》。取自 https://happypama.mingpao.com/%E8%BC%95%E9%AC%86%E5%8D%87%E5%AD%B8/%E6%95%99%E5%AD%B8%E6%9C%89%E8%BE%A6%E6%B3%95%EF%BC%9A%E3%80%8C%E6%A0%A1%E9%95%B7%E7%88%B8%E7%88%B8%E3%80%8D%E5%BB%BA%E9%97%9C%E6%84%9B%E6%A0%A1%E5%9C%92-%E6%AD%A3%E5%90%91%E6%95%99%E5%AD%B8%E7%81%8C/

陳章錫（2020 年 6 月）。〈《禮記》生命禮儀思想研究 以生命教育為主軸〉。《文學新鑰》，第 3 期，頁 237-272。取自 http://nhuir.nhu.edu.tw/bitstream/987654321/27579/1/4023003107.pdf

鄧飛（2018 年 10 月 5 日）。〈大灣區融合基礎在教育＼將軍澳香島中學校長 鄧飛〉。《大公報》。取自 http://www.takungpao.com.hk/news/232110/2018/1005/184986.html

鄧飛（2020 年 5 月 6 日）。〈網絡時代對德育與生命教育的挑戰《說出你的正能量》李子建教授第 16 輯〉。取自 https://www.youtube.com/watch?v=elartAWjs_A

范士龍（2014 年 11 月 11 日）。〈從觀念灌輸到價值澄清的道德教育實踐觀轉向〉。《吉林日報》。取自 http://theory.people.com.cn/n/2014/1111/c40531-26006673.html

馮天春、張可佳（2015 年 6 月 1 日）。〈儒家終極觀與三生教育價值論的建構〉。《宗教哲學》，第 72 期，頁 171-182。取自 https://www.airitilibrary.com/Publication/alDetailedMesh?DocID=10277730-201506-201507160018-201507160018-171-182

佛光大學通識教育中心（無日期）。《成果輯》。取自 https://gecouncil.fgu.edu.tw/uploads/asset/data/5cb032480e588f0560000e46/456_96258924.pdf

顧明遠（2018 年 5 月 24 日）。〈教育的本質是生命教育〉。《新學說》。取自 https://mp.weixin. qq.com/s/Fulj2S86LcZGGSYUGZ-xCA

嘉義大學學生事務處學生輔導中心生命教育手冊團隊（2018）。〈生命的繆思論壇：走，我們一起看看生命的樣貌〉。取自 https://www.ncyu.edu.tw/files/list/coun/%E7%94%9F%E5%91%BD% E6%95%99%E8%82%B2%E6%89%8B%E5%86%8A.pdf

何享憫（2010）。〈應用繪本實施國民小學「同理心」品格教育教學之研究〉。《新竹縣教育研究集刊》，第 10 期，頁 71-108。取自 https://eb1.hcc.edu.tw/edu/data/page/20150418113751689. pdf

黃德祥（1998）。〈小學生命教育的內涵與實施〉。載於林思伶主編，《生命教育的理論與實務》，頁 241-244。台北：寰宇出版公司。

黃德祥（2000）。〈小學生命教育的內涵與實施〉。載於林思伶主編，《生命教育的理論與實務》，頁 241-253。台北：寰宇出版公司。

黃迺毓（2015 年 5 月 7 日）。〈生命教育與品格〉。《親子天下》。取自 https://www.parenting.com. tw/article/3000425

黃文三（2009）。〈從正向心理學論生命教育的實施〉。《教育理論與實踐學刊》，第 19 期，頁 1-34。取自 http://ntcuir.ntcu.edu.tw/bitstream/987654321/1784/2/15.pdf

黃文定（2019）。〈從 2018 PISA 全球素養評量問卷論國際教育的實踐〉。《台灣教育評論月刊》，8 （6），頁 06-11。

黃燕女（2009）。〈孔子人生哲學及其對生命教育的啟示〉。《國民教育研究學報》，第 23 期，頁 189- 204。取自 http://www.ncyu.edu.tw/files/site_content/giee/189-204--%E5%AD%94%E5%AD%90 %E4%BA%BA%E7%94%9F%E5%93%B2%E5%AD%B8%E5%8F%8A%E5%85%B6%E5%B0 %8D%E7%94%9F%E5%91%BD%E6%95%99%E8%82%B2%E7%9A%84%E5%95%9F%E7%A4 %BA.pdf

黃意舒（2012）。〈道德品格教育融入園本課程之行動研究〉。《幼兒教保研究期刊》第 8 期，頁 23- 51。取自 http://www.ncyu.edu.tw/files/site_content/geche/2-U07-%E9%81%93%E5%BE% B7%E5%93%81%E6%A0%BC%E6%95%99%E8%82%B2%E8%9E%8D%E5%85%A5%E5%9 C%92%E6%9C%AC%E8%AA%B2%E7%A8%8B%E4%B9%8B%E8%A1%8C%E5%8B%95%E7 %A0%94%E7%A9%B6.pdf

慧開法師（2022）。〈人間佛教對現代社會生命教育的思想啟發〉。載於李子建主編，《生命教育：理論基礎、取向和設計》，頁 241-278。台北：元照出版社。

簡成熙、洪如玉、何佳瑞、李彥儀（2021 年 6 月）。〈東西方教育理論與實務之對話〉。《教育研究集刊》，第 67 輯，第 2 期，頁 115-137。取自 http://www.edubook.com.tw/OAtw/File/PDf/ 900675.pdf

淨空法師（2016 年 8 月 6 日）。〈人生的最高境界 —— 慎獨〉。《灼見名家》。取自 https://www. master-insight.com/%E4%BA%BA%E7%94%9F%E7%9A%84%E6%9C%80%E9%AB%98%E 5%A2%83%E7%95%8C-%E6%85%8E%E7%8D%A8/

饒宗頤名譽主編，劉桂標、方世豪導讀及譯注（2020）。《大學 中庸》，頁96。香港：中華書局（香港）有限公司

課程發展議會價值觀教育常務委員會（2021）。《價值觀教育課程架構（試行版）》。《香港教育局》。取自 https://www.edb.gov.hk/attachment/tc/curriculum-development/4-key-tasks/moral-civic/Value%20Education%20Curriculum%20Framework%20%20Pilot%20Version.pdf

李承憲（2021年12月24日）。〈《我「決定」活到120歲》：把你現在的年齡乘上0.7，才是你實際感受到的生理年齡〉。《關鍵評論》。取自 https://www.thenewslens.com/article/160504/fullpage

李子建（2002）。〈以「可持續發展」為路向的環境教育：挑戰與機遇〉。《香港教師中心學報》，第1期，頁131-137。

李子建（2020年12月9日）。〈探索宗教生死觀學會「識死‧惜生」〉。《灼見名家》。取自 https://www.master-insight.com/%E6%9D%8E%E5%AD%90%E5%BB%BA%EF%BC%9A%E6%8E%A2%E7%B4%A2%E5%AE%97%E6%95%99%E7%94%9F%E6%AD%BB%E8%A7%80-%E5%AD%B8%E6%9C%83%E3%80%8C%E8%AD%98%E6%AD%BB%EF%BC%8E%E6%83%9C%E7%94%9F%E3%80%8D/

李子建（2020a）。〈「新冠病毒疫情」下的學校教育：基於核心素養與生命教育的視角〉。載於李子建、馮建軍、文軍、葉軍、陳勤建、孟鐘捷、蘇智良（合著），「疫情下的學校課程與學科建設」筆談。《基礎教育》，17（3），頁40-47。

李子建（2020b）。〈面向2035年的粵港澳大灣區教育及人才培養〉。《河北師範大學學報（教科版）》，第22卷，第3期，頁1-6。

李子建（2021年5月28日）。〈生命教育‧植根校園‧關愛學生 三生教育‧面向未來‧輔導成長〉。取自 https://www.edb.gov.hk/attachment/tc/teacher/student-guidance-discipline-services/lecture-notes/lecture-notes-202021/20210629_Keynote_Sharing_Prof_LEE_Chi_kin_John_tc.pdf

李子建主編（2022a）。《生命教育：理論基礎、取向和設計》。台北：元照出版社。

李子建主編（2022b）。《生命與價值觀教育：視角和實踐》。香港：中華書局（香港）有限公司。

李子建（2022c）。〈同理心在教學和生命教育上的運用〉。《訓輔專訊》。第29期，頁1-4。取自 https://www.edb.gov.hk/attachment/tc/teacher/student-guidance-discipline-services/gd-resources/gd-digest-archive/20220310_gdresources_gd_digest29_tc.pdf

李子建、龔陽（2019）。〈科技發展下的教師角色：生命教育者〉。《北京教育（普教版）》，08，頁11-15。

李子建、黃顯華（1996）。《課程：範式、取向和設計》。香港：香港中文大學出版社。

李子建、羅天佑（2022）。〈歷史人物教學：生命及價值觀教育的視角〉。載於李子建主編，《生命教育：理論基礎、取向和設計》，頁323-335。台北：元照出版社。

李子建、謝夢 (2022)。〈生命教育的研究與評估〉。載於李子建主編,《生命教育:理論基礎、取向和設計》,頁 365-429。台北:元照出版社。

李子建、姚偉梅、許景輝編著 (2019)。《二十一世紀技能與生涯規劃教育》。台北:高等教育文化事業出版公司。

李子建、葉蔭榮、霍秉坤 (2020)。〈香港中小學課綱的規劃現況與實施歷史:歷史和背景,以及規劃之整體特色〉。載於黃政傑、謝金枝主編《中小學課綱之國際經驗》,頁 167-220。台北:五南圖書出版公司。

梁錦波 (2011)。〈香港中小學生命教育的現況及發展〉。香港:全人生命教育學會。

梁錦波 (2018)。〈從生命教育看人的未來培育〉。《螢光點點:生命教育工作者的心觸》,香港:全人生命教育學會,頁 49-70。取自 https://www.holistic-life-ed.org/fireflies/fireflies-09.pdf

廖于蓁 (2020)。〈國小全球素養之教材與人機互動評量之成效探討 - 以生命教育為例〉。台中教育大學教育資訊與測驗統計研究所碩士論文。取自 http://ntcuir.ntcu.edu.tw/bitstream/ 987654321/ 15636/2/BMS107110.pdf

林泰石 (2016)。〈生命本體的體驗與生命教育的核心基礎〉。台灣師範大學課程與教育研究所博士論文,頁 436。取自 https://www.airitilibrary.com/Publication/alDetailedMesh1?DocID=U00 21-G0899030026

林治平、潘正德、林繼偉、盧怡君、姜仁圭、李清義、蘇友瑞 (2004)。《生命教育之理論與實踐》。新北:心理出版社。

劉鐵芳 (2017)。〈切磋之道與經典教育〉。《北京大學教育評論》,第 15 卷,第 1 期,頁 183-185。 https://caod.oriprobe.com/order.htm?id=51470521&ftext=base

羅崇敏 (2018 年 7 月 16 日)。〈全面實施「三生教育」,建設現代教育價值體系〉。《滕州市天泰安全培訓中心》。取自 http://www.tiantaipeixun.com/a/pxlb/5/2018/0716/604.html

羅范椒芬 (2004 年 9 月 12 日)。〈修身立志之道 ──《自律與他律》〉。取自 https://www.edb.gov. hk/attachment/tc/curriculum-development/4-key-tasks/moral-civic/NewWebsite/moralbk/ judgment/judge1.pdf

明校網 (2020 年 3 月 31 日)。〈李子建 × 戴希立 × 劉進圖 分享實踐生命教育的契機〉。《明報網站》。取自 https://school.mingpao.com/%E5%B0%88%E9%A1%8C%E6%B4%BB%E5%8B%95/ %E6%9D%8E%E5%AD%90%E5%BB%BA-x-%E6%88%B4%E5%B8%8C%E7%AB%8B-x- %E5%8A%89%E9%80%B2%E5%9C%96-%E5%88%86%E4%BA%AB%E5%AF%A6%E8%B8 %90%E7%94%9F%E5%91%BD%E6%95%99%E8%82%B2%E7%9A%84%E5%A5%91%E6% A9%9F/

潘樹仁 (2013)。〈《孔子家語》導讀〉。《香港人文學會》。取自 http://hksh.site/modernhumanities/ 201409/2014-09-07poon_shue_yan.htm

秦偉燊、陳偉文、丘兆豪、鄧希恆、鍾明倫（2020）。〈生涯規劃教育、職業教育與生命教育結合的初探：以香港為例〉。《台灣教育研究期刊》，第 1 卷，第 5 期，頁 175-192。取自 https://tpl.ncl.edu.tw/NclService/pdfdownload?filePath=lV8OirTfsslWcCxIpLbUfo-kgPoIGYc22SkwfQ9JA60blCbqa8nO8KoAxeyN0WJW&imgType=Bn5sH4BGpJw=&key=wRBpWLjNdXFsVPNAcRVb3L0QJ_Q6hU-w6nPVgrdhiQYeVVU9OyINO4qBZJhLTxWd&xmlId=0007220997

區婉儀、李子建（2022）。〈中國語文教材與教學：生命教育及大語文教育的視角〉。載於李子建主編，《生命教育：理論基礎、取向和設計》，頁 293-321。台北：元照出版社。

人間福報（2012 年 5 月 16 日）。〈社論 —— 尊重生命與珍惜生命〉。《人間福報社論》。取自 https://www.merit-times.com/NewsPage.aspx?unid=261951

施宜煌、葉彥宏（2021）。〈開展 108 課綱的生命教育議題理念 —— 孔子「仁」與孟子「惻隱之心」的思考〉。《台灣教育評論月刊》，第 10 卷，第 8 期。取自 http://www.ater.org.tw/journal/article/10-8/topic/12.pdf

宋子節、岳弘彬責編（2020 年 3 月 5 日）。〈朱永新：化「危」為「機」，把網絡學習的實驗場變成未來教育的現實〉。《人民網》。取自 http://politics.people.com.cn/BIG5/n1/2020/0305/c1001-31619081.html

譚麗施、李子建主編（2022）。《Open School「點滴成河」生命教育專輯》，頁 64。香港：明報教育出版有限公司。

王秉豪、李子建、朱小蔓、歐用生主編（2016）。《生命教育的知、情、意、行》。新北：揚智文化。

王鑫宇（2020）。〈孔子對話教學方式對現代教育的啟示〉。《長江叢刊》，第 21 期。取自 https://www.cnki.com.cn/Article/CJFDTotal-CJCK202021004.htm

伍桂麟、梁梓敦、鍾一諾（2019）。《生死教育講呢啲》。香港：明報出版社。

吳怡璇（2020 年 11 月 19 日）。〈同理心教育，從尊重特教生開始〉。《親子天下》。取自 https://www.parenting.com.tw/article/5087994

香港教育大學宗教與心靈教育中心（2022）。「香港教育大學宗教與心靈教育中心」。取自 https://www.eduhk.hk/crse

香港教育局（2014）。《基礎教育課程指引 —— 聚焦‧深化‧持續（小一至小六）》。取自 https://cd.edb.gov.hk/becg/tchinese/chapter3A.html

香港教育局（2017）。《生涯規劃 —— 多元出路　邁向卓越》。取自 https://www.edb.gov.hk/attachment/tc/curriculum-development/renewal/Guides/SECG%20booklet%209_ch_20180831.pdf

香港教育局（2021a）。《中學生涯規劃教育及升學就業輔導指引（第二版）》。取自 https://lifeplanning.edb.gov.hk/uploads/page/attachments/Guide%20on%20LPE%20and%20CG_06092021%20%28TC-Final%29.pdf

香港教育局（2021b）。《學校生涯規劃教育 推行策略大綱便覽（第二版）》。取自 https://lifeplanning.edb.gov.hk/uploads/page/attachments/Info%20Note%20on%20Framework_06092021%20(TC-Final).pdf

香港教育局課程發展處德育、公民及國民教育組（2010）。《遊戲中覓方向 · 體驗中悟道理——生命教育互動學習教材》。《香港教育局》。取自 https://www.edb.gov.hk/tc/curriculum-development/4-key-tasks/moral-civic/Newwebsite/Life_understanding.html

香港商報網（2020 年 12 月 1 日）。〈教育大學與華永會合辦網上對談〉。取自 https://hkcd.com/content/2020-12/01/content_1232865.html

香港特別行政區政府新聞公報（2020）。〈新增「守法」和「同理心」作為首要培育學生正面的價值觀和態度〉。取自 https://www.info.gov.hk/gia/general/202012/03/P2020120300624.htm

星島網（2020 年 6 月 29 日）。〈林炳炎校推大笑瑜伽 冀提升學生抗逆力〉。《星島教育》。取自 https://std.stheadline.com/daily/article/2240313/%E6%97%A5%E5%A0%B1-%E6%95%99%E8%82%B2-%E6%95%99%E8%82%B2%E8%A6%81%E8%81%9E-%E6%9E%97%E7%82%B3%E7%82%8E%E6%A0%A1%E6%8E%A8%E5%A4%A7%E7%AC%91%E7%91%9C%E4%BC%BD-%E5%86%80%E6%8F%90%E5%8D%87%E5%AD%B8%E7%94%9F%E6%8A%97%E9%80%86%E5%8A%9B

星雲大師（2006）。〈同理心〉。《星雲大師全冊》第五類，人間萬事，第 10 冊，第 152 篇。取自 http://books.masterhsingyun.org/ArticleDetail/artcle5552

徐享良（2000 年 12 月）。「他律道德 Heteronomous Morality」。《教育大辭書》。取自 https://terms.naer.edu.tw/detail/dbf6e525a95078482e99f6629ff6b388/?seq=2

許玫倩（2015 年 8 月 5 日）。〈如何培養孩子的同理心〉。《少輔簡訊》，第 205 期。取自 https://www-ws.gov.taipei/001/Upload/public/Attachment/58261672839.pdf

薛曉萍、赤沙沙（2012 年 9 月）。〈「慎獨」的思想內涵及其對當代高校德育的啟示〉。《河北科技大學學報（社會科學版）》，第 12 卷，第 3 期，頁 89-94。取自 https://doi.org/10.3969/j.issn.1671-1653.2012.03.016

孫效智（2019）。〈生命教育的哲學基礎〉。載於《第十五屆生命教育學術研討會 —— 人的靈性》，頁 7-41。台北：台灣大學生命教育研發育成中心。

閆秀勇（2021 年 06 月 04 日）。〈寬運法師對話張仁良教授：佛教與生命教育〉。《鳳凰網佛教》。取自 https://i.ifeng.com/c/86mLvSzWk7t

張婕、陳潔（2017）。〈先秦儒家生命教育思想對醫學生生命教育的啟示〉。《南京醫科大學學報（社會科學版）》，2017，（2），頁 149-152。取自 http://jnmu.njmu.edu.cn/sk/ch/reader/view_abstract.aspx?file_no=aumnss170216&st=alljournals

張莉莉（2010 年 5 月 15 日）。〈灌輸在小學德育中的意義及其價值實現〉。《教學與管理》，頁 25-26。取自 https://shdeyu.usst.edu.cn/_upload/article/files/cd/e7/744cb6bb4bf3865b06bb7d3225a9/24f60ea6-7d50-4c47-8f6f-2b1ee3f0bc50.pdf

張仁良（2019 年 3 月 21 日）。〈生命教育的反思〉。《灼見名家》。取自 https://www.master-insight.com/%E7%94%9F%E5%91%BD%E6%95%99%E8%82%B2%E7%9A%84%E5%8F%8D%E6%80%9D/

張菀珍（2009）。〈從倫理道德論品格教育的實踐〉。載於《生命教育：議題探究與融入教學》。取自 http://www.yct.com.tw/life/98lift/98brainstorm11.pdf

張永雄（2010）。〈為何而活 如何生活——生命教育的啟示〉。取自 https://www.edb.gov.hk/attachment/tc/curriculum-development/4-key-tasks/moral-civic/Life%20education%2025.3%202010%20(CWH)_2954.pdf

鍾明倫、李子建、秦偉燊、江浩民（2018）。〈香港課程改革下的價值教育：回顧與前瞻〉。《香港教師中心學報》，第 17 期，頁 19-36。

周育如（2021 年 10 月 6 日）。〈是孩子的小手牽著父母，重新體會生命成長的驚奇和喜悅〉。《親子天下》。取自 https://www.parenting.com.tw/article/5090911

21 世紀的香港德育

梁超然校長 (下稱：梁)

現任寧波第二中學校長、中國民族民間藝術文化交流協會（香港）
會長、海南大學一帶一路研究院客席教授。曾於新亞研究所學習
史學方法，受業於李學銘先生。從事教育工作二十年，曾任慕光
英文書院校長、優才（楊殷有娣）書院副校長、天才教育協會祕書
長、中國歷史教育學會理事。自小對歷史書沉迷不已，近年尤對
日本戰國史、中日關係史、宋代士大夫羣體交往以及中國近代史
的典籍和著述深感興趣。願以治史為終身事業、通史致用。

葉偉儀校長 (下稱：葉)

香港大學中文系畢業，之後於香港中文大學修讀教育文憑和教育
碩士。曾於香港教育局課程發展處擔任高級課程發展主任，後於
沙田區一間津貼中學擔任校長，積極參與社區及教育局不同委員
會的工作，特別重視青少年價值教育的推動和發展。再於中國文
化研究院擔任院長，從事推廣中國歷史和文化的工作，期望加深
香港市民與學生對國家歷史文化的認識。現為東華三院邱子田紀
念中學校長。

梁：昨天有同事跟我說：「校長，這個 21 世紀，有人指是 2001 年，究竟是
2001 年，還是 2000 年的 1 月 1 日？」在我而言，我覺得一年之間差別
未必很大，香港很多教育政策都在 20 世紀末時寫，着重這個「21 世紀
的某某教育」。到現時為止，我們過了大約二十年，其實這個世界有甚
麼變化？我想這一年的變化好多，亦對德育，或者德育教學方面有好多
衝擊。

很多人會問：21 世紀的世界大勢是怎樣？很多人會說是中美之間的關
係，但如果現在去看整個世界的變化，似乎並非單純關乎中美關係。未
來世界發展似乎都由四個大國或組織去主導，包括中國、美國、俄羅

斯，甚至是歐盟。故此而言，關於整個世界的變化，之前我們會想，會否只關於兩個國家的問題？現在似乎又不是這樣。

梁：近年有好多世界大事發生了，令我們不知怎樣去面對或者教學生。另外，當然就是全球化、本土主義，還有現在經常提及的多邊主義和單邊主義的混合，這些都不斷衝擊着每一個國家的德育教育。

為甚麼香港會有那麼深的感受呢？首先，最近有好多人討論全球暖化問題。今年似乎紓緩了一點，天文台都有提到，今年冬天預計將會是近幾年最多寒冷日子的冬天，因為在過去一整年，地球得到休息，所以冰川問題似乎暫時在今年有所改善。但當疫苗成功之後，人類活動就會恢復，究竟那時該怎樣去跟學生講解，我們要商業活動，還是跟地球並存？如果要跟地球並存就要犧牲，究竟要犧牲多少呢？

另外，對校長和家長來說，當然有更大的衝擊。踏入 21 世紀，有智能電話的出現。最近幾個月，我相信好多學校都備受困擾，就是學生在網上發生了很多事情。我認識一個朋友，他的學生成為網上騙案的受害者。剛剛看到一個報道，指在香港的網購節日，網購的受騙情況極為嚴重。你會發現有趣的是，香港人雖然很聰明，但仍會受騙。

然而，我覺得這些衝擊都不及之後發生的事情，就是新冠病毒肆虐。這個病毒為甚麼會對整個地球影響更大？現在要面對的問題就是，世界出現了很多超級企業，出現資源壟斷的情況。這個情況在新冠病毒爆發後尤其明顯。而這些事情的發生，正衝擊着我們的價值觀：究竟世界上的資源應該共享，抑或是獨享？讓幾間超級大的企業去獲取所有人類利益，還是希望人類會共享利益？這正正就是很多價值觀上的衝擊，我們應該怎樣解決？

最近施仲謀教授出了一本書，研究了香港很多學校的校訓，而這些校

訓正正是每一間學校德育教育的核心價值觀。我用了比較多時間在直資學校工作，尤其是 2000 年之後，因為當時教育的「三頭馬車」，其中羅太、李國章，他們很支持直資學校，故此，當時有好多新的辦學團體去辦學。昨日我忽發奇想，2000 年之後，踏入 21 世紀，學校校訓會否新穎一點？我最後的結論是 —— 原來都是傳統價值。

舉一間由大學主辦的「一條龍」學校為例，它的校訓是「敏求篤信，明辨力行」，我也很喜歡那句「心懷家國，寰宇並肩」的使命宣言。其實這些信念，我相信每一間優秀學校都希望學生能夠做到。我曾經去過一間學校，校訓好簡單，就是「愛心、創意、勤奮；追求喜悅，追求卓越，愉快學習，成績卓越」。但問題是，其實愛心、創意和勤奮，雖然表面上是簡單的概念，但與此同時，我們向來亦很主張中華文化的傳統美德，這些我們會更希望學生做到。2000 年後成立的直資學校，很多都是由宗教團體主辦，當中會否有些新的東西？其實又不會，好多都與宗教信仰的核心價值觀有關；有些比較新穎的，高舉以中華文化作為校訓的旗幟，但如果你看它的內容，又似乎離不開以往香港教育界一直以來的校訓。

有些學校非常直接，入讀該校就要接受聖經的教育，而聖經的教育就是校訓。其中一間我覺得挺好，它提到「活學活用，實現實幹」。「活學活用」是甚麼呢？因為我有一些課堂是教初中中國歷史的，有些同學就會問：「校長，其實讀中國歷史有甚麼用？」我今日講完張儀、蘇秦，千萬不要誤會張儀、蘇秦是死對頭，其實他們不是來自同一個時代。他們就問：「學習這些有甚麼用？學懂了『合縱連橫』有甚麼用？」我說：「這就是活學活用，你將來出來社會做生意，其實都是『合縱連橫』，例如各間超級市場合謀定價，但你看不到痕跡，這就是『合縱連橫』。」他就會明白，原來這些概念在生活中都會出現。

慈善團體又如何？我的女兒就讀其中一間由慈善團體主辦的直資小學。

我問一些前輩，原來我們所有學校都不能用另一個校訓，無論是私校或直資學校，小學或中學都只有一個校訓，就是「愛敬勤誠」。但這間小學很有趣，校長很跳脫，校訓的下面有一句：貫徹「跳出框框，育出非凡；同一團隊，同一信念」的核心價值。

梁：2000 年後成立的學校校訓似乎都沒有新意，即使有新意的都不多，於是我就翻查了一些歷史悠久的學校，譬如本校，剛進入六十五週年之後，我們的校訓是「明理愛光」。以前我的中學母校的校訓是「自強不息」，而另外一間在慕光旁邊的學校，它的校訓是「弘毅」。你或許會問，六十五週年的學校、四十週年的學校、二十週年的學校，甚至十週年學校的校訓其實都差不多，即是怎樣呢？我翻查材料，發覺這十年的德育教育受到好大衝擊。第一，大概十年前德育教育曾經想獨立成科，但當時遭遇到一個很大的打擊，正正因為牽涉到好重要的概念，就是「國民教育」。

到現在開始又有聲音，要重新建立一個新學科去讀好德育教育。我會想，如果傳統教育、價值教育或者傳統德育價值觀沒用，為何踏入2000 年，21 世紀的教育，還沿用那些教育觀呢？同時，如何令學生或新一代去接受傳統的德育價值觀，以及如何去解釋現在社會有很多傳統觀念上不正常的事，但現在他們會覺得很正常呢？正如李教授所說，在學校網站上加了兩個新的價值——「守法」和「同理心」。我自己覺得同理心很難演繹。我曾經服務過一間學校，成績表上有「同理心」一欄，但很多時候，我只能向同事說，釐定一個學生的同理心的方法，可能就是要觀察他做事的時候。例如他成績很好，有同學向他請教數學，可能他會向同學說：「哦，不可以呀，這是你的責任，我沒有必要教你。」其實他這樣做，對他而言沒有錯，但我們可能就認為他錯了，把他的同理心評為 B-，或者 C+，但其實這樣做又是否代表正確呢？所以，我自己有個很大的疑問，希望在這方面繼續探究，究竟怎樣將同理心放在道德，或者德育教育之中？

近兩年來，我都不完全理解現在的年青人，坦白說，有些價值觀不知怎樣妥協，但我們真的要去接受；既然要接受，那麼怎樣把校訓落實到現在的德育教育中？尤其是現今的「物聯網」。我經常聽到石鏡泉老師提到的「物聯網」，或者互聯網的世代。有個學生問我：「你知道甚麼是『光棍節』嗎？我回答他：「知道，例如『天貓』，我們要等在某一刻搶購，才可以有優惠。」我會去想，其實在「物聯網」世界，是否存在禮讓？有互相相讓的話，我買少一點，你買少一點，就可以讓大家都能夠買到。這正是挑戰傳統的儒家價值觀。

在教育局的最新網站中，我看了很多教育局的教材。其實，大家都渴求一些官方機構提供給我們的教材，但坦白說，最好的教材就是校訓。所以，我自己有個小小的總結：如果作為21世紀的教育工作者，是否好像以前一樣只需要教書？我相信不是。好多時候，老師會覺得自己的責任就是要教好書，要陪伴學生成長，但是在陪伴的過程中，我們的工作究竟是要了解他們，抑或理解他們？好多時候見到同工，他們都說自己很了解學生，但其實了解與理解是兩回事。理解，是要知道學生如何由這樣變成那樣，所以有一些事情，我自己覺得可以做的：第一，我們必須要求嚴謹，例如當我對着年青人或者其他老師時，我通常都會直接將自己的要求或建議交代清楚，因為我覺得，如果希望下一代好，就必須保持嚴謹，但同時要關心他們；第二，我們作為教育工作者要接受改變，很難再說服下一代接受數十年前那一套，因為他們成長的年代是一個完全不同的世界。當然，有一些原則仍然是需要的。甚麼原則呢？就是校訓所提到的「明理愛光」。你要指引學生去走光明的路，同時要追求真理。當然，我都希望在21世紀中的德育議題上，能夠有更多的專家學者，提供一些法門，讓我們能夠處理得更容易。

葉：梁校長提到世界不斷變化，對我們做德育教育帶來很大的衝擊，我就想，究竟我們德育教育的內涵是甚麼？德育，在香港這個華人社會，我們很容易理解為中華文化。

葉：教育局現在提倡「守法」及「同理心」。印象中，我讀書的時候從來沒有聽過「同理心」這個名詞。這個名詞應該不是中華文化裏面原有的詞彙，當我聽到這三個字，我腦海裏第一個浮出來的畫面，就是《論四端》裏的「孺子將入於井」。以前教書的時候，當教到《論四端》，常常問學生：「有幼童在井旁邊，快要跌入井，你會怎樣做？」我以前教的學生可能會說：「踢他入井！」我當然知道這只是開玩笑，其實「人皆有怵惕惻隱之心」，最精妙的四個字就是「怵惕惻隱」，「無怵惕惻隱之心，非人也」。以前學生理解「怵惕惻隱」，當然是死背詞解註釋。多年後，當我們再次提起「惻隱之心，人皆有之」，我們好像明白了更多。如果閱讀施仲謀教授的書，可以發現中華文化有很多珍貴的價值：「和而不同」、「自強不息」、「天人合一」、「仁義禮智」，這些都是我們應該要認識的，是中華民族的財富，也可以彌補西方文化的不足。我相信這就是德育的內涵。

有這樣一種說法：當我們很重視德育，常常講德育，正正源於大家認為現在學生的德育不是很好。例如當社會呼籲要清潔香港，即是代表人們不清潔；呼籲不要貪污，即是貪污嚴重。我們好像常常覺得現在學生的德育不太好，但是不是真的是這樣呢？我成長於7、80年代，那時候坐巴士沒有人排隊，大家隨地吐痰、亂拋垃圾。我少年時候住在秀茂坪，天井非常骯髒。到今天，社會秩序井然，市民大眾自覺排隊，地鐵車廂會有人讓座。其實很多德育教育都做得很好，這些都是過去數十年來，小學和中學着意去教學生的。我有信心每一間小學和中學，都認真對待德育教育，而且很多都做得很好。在社會上，我們會見到有學生的行為不好，但這不等於是教師做得不好，背後是有好多因素的。我們更應該去想：第一，德育教育在我們的文化中，特別是在中華文化的豐富內涵中，重點應該是甚麼？第二，我們覺得自己有不足，當然要去改善，但更應該去重新檢視哪些已經做得很好，哪些有不足而要多做一點。

香港有很多推廣歷史文化的機構，例如國史教育中心、勵進教育中心、香港中華文化促進中心等等。我知道很多文史科老師都很踴躍參加他們舉辦的活動。由此可見，我們早已經有豐富的文化內容。我們知道要教甚麼，知道要準備很多材料，但應該怎樣做呢？施仲謀教授的書上提到，其實對學習者而言，從他身邊的事入手是最為容易的，即是從學生的生活經歷入手。文化學習是由具體感受到抽象的反思、概括，然後有實際行動，亦可以概括為「知情意行」四個字。首先你要知道，知道了之後，就是情意的提升，最重要就是行動。現在我們對德育教育的擔心，不是在於我們不知要教甚麼，也不在於小朋友不懂，而是在於他們沒有行動，達不到我們的期望。小朋友說謊，你問他是否知道那是不對的，他一定知道；但他仍然會說謊，知道與行動好像有一個距離。這亦令我想起以前讀書時，討論「知」先，還是「行」先的問題。知行合一，這就要花很長時間討論。

我之前學校的社工，帶同學到清遠為小朋友做服務，這些小朋友都住在較偏遠的山區，父母都是農民工出外打工，家中只有老人家或寄宿在親戚家，這就是我們常常聽到的「留守兒童」。平時較少有人去照顧他們，而這些哥哥姐姐會帶着他們遊玩。如果我告訴你，這些哥哥姐姐在香港讀書的時候，都是最令我們頭痛的學生，成績差、不交功課、不上學、上課睡覺、上課時頂嘴，你可能不會相信。我學校的社工很好，帶了這些學生去做很多服務，用義工服務的經歷去重新建立他們的自信及自尊。當一個小朋友或年青人在成長的過程中，沒有得到適當的照顧，或者對學習失去信心，甚至自己都已經放棄了，認為沒有希望，他就不會聽你所說的大道理，你和他談生涯規劃亦沒有意義。

當時社工帶他們去做義工服務，做義工服務的好處是甚麼？就是不論服務的成果如何，都沒有人會責怪你，而且他們總會幫助到接受服務的對象。在這個過程當中，我很開心見到同學有所改變。他們去到內地，

可以見到這幾位哥哥姐姐有自信的笑容，他們有信心亦明白自己在做甚麼，這是很重要的。回想起來，原來「知」和「行」之間是有個距離的，但我的學生做得到，亦實踐了我們期望的德育教育 —— 同理心、幫助他人。這些學生是無償地去清遠做服務的，我還記得社工石姑娘跟我說，車費很昂貴，他們可能要自費，誰去津貼他們？有些物資還要他們自費帶上去，但他們都樂意去做。

葉：提到去內地，自然會記得以前我們經常帶學生回內地考察，我們教中史的老師最常帶學生回內地。我還記得十一年前，我仍在中學教書時，恰巧那年帶學生去武漢。那時去了三峽大壩，可惜去的時候是冬天，大壩沒有水，去三峽大壩當然是要去看滔滔流水，但最後都有意外的收穫。行程中上了一趟武當山，剛好那天剛剛下完雪，加上清晨的陽光，景色非常壯觀。最記得由於當時行程太緊湊，沒有時間給學生買手信。原來在學生心目中，買手信是很重要的，要給他們時間消費，於是旅途中我叫旅遊巴司機見到超級市場就停一會兒，讓他們去購物。他們去到超級市場很開心，這個停留的過程最大的得着是甚麼？我們見到的超級市場很整齊，那是十一年前，我們平時不會去的「景點」，一個好普通的超級市場，但非常整潔，學生們買得很開心；更發現原來內地已經較香港早推行膠袋稅，他們已經講環保，這也是德育教育。

如果大家有留意德叔的專欄，我是他的「擁躉」，有些讀者應該都熟悉他 —— 陳德恆校長，是一位很資深的校長。他有一篇文章說得很好，關鍵不是去內地與否，而是過程中究竟看到甚麼？另外一位出色的學者 —— 趙永佳教授，2017 年寫過一篇文章，是關於內地考察的經驗如何影響青年人的身份認同。現在最常討論的就是身份認同的問題。研究有一個結論，原來關鍵不是在於去與不去的問題，而是去的時間長短。回想一下，去了不一定代表他就會愛國，但至少會加深對國家的認識，了解會多了。有時候年青人的抗拒，未必代表他們是知道原因的，反而他們只是不掌握、不了解。早兩天石丹理教授發表了類似的研究，研究

結果很正面，就是內地考察對同學是有幫助的，至少認識多了。你要了解一個地方就要去一趟，這是很重要的。

另外，我們亦要明白年青人在想甚麼。有時要從年青人的角度去想，究竟我們希望他們學到甚麼呢？就以學習文言文為例，我兒子剛升上中一，有好多朋友的兒子也是剛剛升上中一，在這個暑假期間，我看了很多學校的中文練習，真的歎為觀止，因為我也不懂得做。很多文章和題目都非常困難，我就明白為何年青人會討厭。讀文言文不知道有甚麼用，很多學生都有這個疑問。李敬邦先生有一個研究是關於《三字經與現代社會》的，做得很好，例如「孔子喜歡賺錢嗎？」這類題目學生都會感興趣，你跟他說「仁義禮智信」，他未必不想聽，但我們可能要換個角度，要加入一些與他們的生活有關的現代元素。

最近我兒子上中史課，他的課程很緊湊，一頁一個朝代，一頁夏朝，一頁商朝，一頁兩漢，一段興起，一段滅亡，甚麼故事都沒有。作為老師，我們總喜愛說故事，「大禹治水」、「烽火戲諸侯」等等。有天他突然跟我說：「爸爸，我終於明白『烽火戲諸侯』的意思。」我心想，烽火戲諸侯有多難明，周幽王為博紅顏一笑就點烽火。我沒想到他有不明白的地方，他說之前不理解為甚麼君王有危險就要點烽火找支援那麼麻煩，原來他的理解是君王的手下應當就在身邊，但他的老師剛剛教了「封建」，他便明白，原來君王的手下不會在身旁。這件事令我突然明白了，之前我沒認真想過他不明白的是甚麼。原來我們往往只從自己的角度出發，我們認為淺白不過的事，以為教完他就會明白，但其實他們不明白；最大的問題就是，我們不知道他們不明白甚麼 —— 原來他們沒有「封建」的概念，他不知道周天子與諸侯的關係，不知道諸侯不在身邊，他們根本沒有辦法理解烽火的作用是用來找手下支援的。那一刻我才發現，原來自己教書多年，有些東西忽略了，文言文如是，帶他們考察如是，或者我們忽略了，當想教他們的、期望給他們的，與他們的生活或認知沒有關係時，他們不會那麼容易學得懂。

我們講中國文化 ── 仁義禮智，你跟學生們說「孺子將入於井」，他們當然不會答用腳踢幼童落井，但今日的他們其實很難理解：井是甚麼？現在很難可以見到井。好多東西我們試試換一個角度去看，當我們抱怨年青人的德育不理想時，我們要反思我們所教的東西，能否在生活上得以應用？又或者我們是否明白他們的困擾在哪裏呢？

葉：在此介紹一個網站給大家認識，叫「當代中國」（ourchinastory. com）。網站內有很多人物或故事的文章，我看完之後覺得很值得老師用來做分享，很適合作為生命教育的故事內容。現在好多年青人沒有自信、感到自卑，但我們可以在這個網站找到很多正面的人物故事，例如郎平、鍾南山等，都是一些很好的素材，可以用來做德育教育。

其實社會上有很多很好的資源，只在於怎樣令年青人能夠做到我們所期望的。我們總覺得他們未能做到，總覺得一代不如一代，但其實我們要思考一下：世代已經變了，我們未必能夠用以往的標準來看今日的年青人，是否要做一些調節？當然我們亦要肯定一點：我們覺得重要的價值信念，是千古不變的。中國文化裏面有好多有價值的東西，是值得我們去欣賞和保存的！分享到這，多謝大家。

精華片段回顧

人傑地靈：
從香山之行窺探歷史文化的全方位學習

丁新豹博士

香港中文大學歷史系客席教授，名譽高級研究員，香港歷史
博物館前總館長。

梁操雅博士

香港教育大學文學及文化學系兼任客席講師。

葉深銘博士

林大輝中學教育發展總監。

一、概論

　　本文原為論壇講座，現根據通篇的邏輯思維、內容考據、行文結構轉為書面語，以致文辭修飾方面，或欠雅馴，且容有舛誤，此則尚祈見諒。

　　本文主題在於強調全方位學習對學習歷史的幫助。「終身學習」（Life-long Learning）和「全方位學習」（Life-wide Learning），可簡單地理解為「時時學」和「處處學」。「全方位學習」乃體驗式學習，讓學生走進學習場景，拉近學生與歷史的距離，從而培養對歷史的情意。現時學生具有良好的分析能力，卻欠缺情意，以及欣賞文物和尋繹歷史人物事跡的能力，而體驗式學習正好能緊扣課題，也可作為課題的延伸，更加可以突破課題的局限，拉闊學生學習的空間及視野。

　　本文論題以清末民初廣東香山商業精英羣體作為歷史探究議題為例，分

享在策劃歷史考察上的寶貴經驗——從「考察準備」、「史事認知」、「史事探究」、「調研探索」和「延伸學習」五方面,提出全面而有系統、具體而有深度的歷史考察方案。教師作為學與教的促進者,在籌備考察活動時,於選題上宜聚焦和有目的,讓學生能清楚及容易掌握,並可先行到訪考察地點作先導考察,準備好屆時學生會遇到的狀況及提出的問題。

本文擬以「如何為學生建構體驗式學習,探討何以香山地區在 19 世紀中葉至 20 世紀初湧現大量人才」作為探究議題,透過十多位著名歷史人物的事跡進行考察學習——有推動晚清洋務運動的重要人物,如容閎(1828—1912)、唐廷樞(1832—1892)、徐潤(1838—1911)、鄭觀應(1842—1922);政治家唐紹儀(1862—1938);革命家孫中山(1866—1925);買辦[1]方面有莫仕揚(1820—1879)、韋玉(1849—1921);僑商有陳芳(1825—1906)、馬應彪(1864—1944)等,他們都在近代中國扮演了重要角色。我們認為考察歷史需要帶着問題,加以思考和分析這批人才出現的原因、共同點和貢獻,以及與同時期其他地區的人才作比較,才可探究歷史的發展面貌。

二、香山的歷史知識分享 —— 以著名歷史人物為例

香山[2]在珠江口以西,主要地域包括現廣東省中山市、珠海市、澳門特別行政區及廣州市、佛山市部分地區。由於香山人務實、拼搏、進取的精神,從而形成了香山地區獨特的「香山文化」。香山縣自古人才輩出,革命先行者孫中山、陸皓東(1868—1895)、先施百貨公司創辦人馬應彪、永安公司創辦人郭氏兄弟的籍貫均為香山,而今日珠海一帶,則有來自唐家

---

1 買辦指外國商行中負責幫助買賣貨品的重要仲介人。洋人一般不諳中文,來到中國難以與華人溝通,那帶來的貨物如何交易?如想買茶葉、陶瓷,又怎樣買回國呢?這些都需要靠華人去幫忙,當中的仲介人就稱為買辦,香山一帶當年便出現大量買辦,特別是唐家灣一帶。
2 香山縣存於 1152 年至 1925 年,主要範圍包括今廣東省中山市、珠海市、廣州市南沙區大部分地方與澳門特別行政區等。1925 年,當時廣州的中華民國陸海軍大元帥府為紀念首任臨時大總統孫中山逝世,將其家鄉香山縣更名為中山縣。

灣的唐紹儀、唐廷樞、唐國安（1858 — 1913）等，與徐潤、黃勝（1827 —
1902）、黃寬（1829 — 1878）、莫仕揚等的家鄉都很接近。如果你今天來到
唐家灣，很快便可以去到金鼎會同村的莫家大祠堂[3]。另外，稍遠的澳門有容
閎、韋玉、陳芳等人的家鄉，鄭觀應則在三鄉雍陌，都屬於昔日的香山區。
可以說，這個地方在 19 世紀下半葉至 20 世紀初的相對短的時期，湧現了大
量非常有分量的人物，特別是買辦。

1. 唐家灣一帶

（1）容閎

　　晚清時期，容閎是第一個留學美國耶魯大學（Yale University）的華
人畢業生。容閎的家鄉在南屏，非常接近澳門，靠近關閘。他最初就讀馬
禮遜紀念學堂（Morrison Memorial School），當時校長鮑留雲牧師（Rev.
Samuel R. Brown, 1810-1880）就帶了三個學生去美國留學，容閎是其
一，他在美國當地人家中寄宿，其後考入耶魯大學，最後學有所成[4]。

　　容閎回到中國後，最大的貢獻是說服了朝廷派一些幼童去美國讀書。當
日共派了 120 位多屬九至十來歲的幼童前往美國，分成四批，每批 30 人，
包括大家都認識的周壽臣（1861 — 1959）。

　　容閎的故鄉即今日的珠海市南屏鎮。現存的故居遺址並不是他本人的故
居，而是他叔伯的故居，那裏非常殘舊。後來故居舊址建成了甄賢學校，以
紀念容閎[5]。這裏具備學校的模樣，前面還有一尊容閎像，但規模都比較小。

3　莫仕揚家族是香港早期其中一個政商家族，祖籍珠海市金鼎會同村，當時屬香山縣。
4　1876 年，容閎獲美國耶魯大學授予榮譽法學博士學位，表揚他對於中國和美國之間文化交流的
　　重大貢獻，是中國留學生的先驅。
5　據丁新豹所言，珠海正籌備興建「中國留學生博物館」，以展示這批留學生的事跡。

(2)唐廷樞

唐家灣的唐廷樞是上海怡和洋行（Jardine Matheson，前名渣甸洋行）的買辦。當時買辦有一個不成文的習慣，就是整個家族會服務同一間公司。買辦是需要人做擔保的，要有一定財力，因為擔心買辦逃走。唐廷樞雖然在香港馬禮遜紀念學堂讀書，但他主要在上海發展，後來加入了招商局[6]，以及開平煤礦（即開平礦務局）[7]。招商局原來的運作不太好，他加入招商局後，就以買辦的經驗去營運，令招商局有盈餘，最後他亦成為在天津附近的開平煤礦的總買辦。

(3)徐潤

徐潤[8]的家鄉位於北嶺，距離唐家灣不太遠，他是寶順洋行（Dent & Co.）的買辦。當時中國有兩間規模很大，卻互相打對台的英資商行，一間是怡和洋行，另一間是寶順洋行。其後徐潤辭去買辦職位，跟唐廷樞一起創建與經營招商局和開平礦務局，直至晚年才回到家鄉，闢地建園，稱為「愚園」，至今仍保留着。

(4)鄭觀應

鄭觀應的知名度最高，他的家鄉在香山縣三鄉雍陌（今中山市）。鄭氏是買辦世家，兄長是上海寶順洋行的買辦，所以他亦曾在寶順洋行任職，其後成為太古洋行（Butterfield & Swire Co.）[9]的買辦。鄭氏曾提出如何「人盡其才」、「貨暢其流」[10]。他在其著作《盛世危言》內有言：「欲攘外，亟須自強；欲自強，必先致富；欲致富，必首在振工商；欲振工商，必先講求學校、速立憲法、尊重道德、改良政治」，這可以說是他整個思想的重點。

6　招商局乃中國近代首家輪船運輸企業。
7　開平礦務局為中國首家機械化的大型煤礦企業。
8　徐潤與唐廷樞、鄭觀應、席正甫（1838－1904）並稱為「晚清四大買辦」。
9　太古集團（Swire Group），主要從事與清朝的貿易的英資洋行。
10　孫中山〈上李鴻章書〉：「人盡其才，地盡其利，物盡其用，貨暢其流」。

(5) 孫中山

孫中山於 1866 年在翠亨村出世，十二歲跟母親及兄長前往檀香山（Honolulu）生活，就讀於聖公會主辦的學校[11]。他回到中國時，最初是入讀香港的拔萃書室，但在短短幾個月之後，就轉讀中央書院（現在的皇仁書院）。1923 年 2 月 20 日，孫中山在香港大學演講，說香港是他的思想發源地。他在香港求學時，認識了一輩好朋友，特別在興中會及同盟會[12]時期，所以他不諱言香港是他的革命思想的發源地。雖然他在翠亨村出生，但在香港度過他的高中和大學生活，所以他策動的十次革命，不少都是在香港策動，由此，可以看到香港與孫中山之間的關係是非常密切的。

(6) 唐紹儀 —— 第一任國務院總理

另外一個在唐家灣出生的人是唐紹儀，1862 年出生，亦是留美幼童[13]。他曾入讀哥倫比亞大學（Columbia University），但還未畢業便離校[14]。唐紹儀在中華民國成立之後，成為第一任國務院總理，追隨袁世凱（1859—1916），但後來就跟袁世凱分道揚鑣，因為他看到袁世凱的野心，後來反而加入了孫中山的陣營。之後，他的官運並不太好，在晚年回到家鄉 —— 被冠以「模範縣」的中山，他覺得很難得，因為下台之後仍然可以回到家鄉，便悉心經營自己的家鄉。

2. 金鼎一帶

(7) 莫仕揚

另一位同樣是買辦的莫仕揚，他的家鄉是金鼎會同村。金鼎會同村現在成為了一個「文青」的地方，似乎是因為當地政府有意將其打造成為一個

---

11 孫中山在 1879 年 9 月到檀香山的伊奧拉尼書院（Lolani School）當寄宿生，該校採用全英語授課。
12 中國同盟會是晚清由興中會、華興會等多個團體合併而成的革命組織，1905 年於日本東京成立。
13 容閎親力親為，安排幼童往海外留學，唐紹儀就是其中一位。
14 當年幼童前往海外留學，很多剪了辮子、梳花旗裝，失去大清象徵，有些甚至加入基督教。那時有人打小報告，朝廷立即叫停，所以不少幼童沒有完成學業便要回國。

充滿文化氣息的地方，祠堂裏亦有一個關於莫家的展覽。莫仕揚是太古第一代買辦，他大約十多歲便在廣州十三行打工，學習與洋人打交道。後來他開了茶行，最後則加入了一間美國商行——瓊記洋行（Augustine Heard & Co.）做買辦，並連續兩屆成為東華醫院主席[15]。

莫仕揚的兒子莫藻泉（1857—1917）、孫兒莫幹生（1882—1958）[16] 都是太古買辦，由他的第二代開始，都一直為太古服務。大家都知道，太古於1870年在香港開展業務，後來香港的業務慢慢超越了上海，並在莫藻泉任內開始發揚光大，他開設了太古船塢[17]，同時在很多方面，例如船運和航運上都大有發展，所以他們可以說是香港很有名的買辦世家。

(8) 韋玉

韋玉的父親韋光（1825—1879）是有利銀行的買辦，年幼喪父，由基督教牧師照顧，所以他懂得英文，後來亦成為有利銀行的買辦。韋玉一生順遂，父親安排他就讀於中央書院，之後前往外國留學，曾入讀英格蘭萊斯特的斯東尼蓋爾學校（Stoneygate School）及蘇格蘭大來學院（Dollar Academy）。其後，他回國繼承父業，受到香港政府器重，繼何啟（1859—1914）、黃勝之後，韋玉亦成為當時定例局[18]議員，後來更受封爵士。

---

15 莫仕揚分別於1872年和1878年成為東華醫院主席，當時能夠成為東華主席，可以說是行業的翹楚分子及華人精英。

16 莫幹生曾任東華醫院和保良局總理。他對教育發展尤其重視，除了是香港大學終身校董外，也是九龍城民生書院創辦人之一，並曾慷慨捐款於多間院校。

17 太古船塢位於鰂魚涌太古城現址。

18 香港於1841年受英國殖民管治。1843年，在總督府公佈了首份憲制性法律——《香港殖民地憲章》(The Hong Kong Charter)，是由維多利亞女王（Queen Victoria, 1819-1901，1837-1901在位）以《英皇制誥》(Hong Kong Letters Patent) 的形式頒佈的。該憲章訂定成立「定例局」(後稱立法局，今稱立法會)，授權在任的港督在聽取定例局的意見後，制定法律及條例，以維持香港社會秩序。到了1884年，定例局才有首位華人議員。

3. 從外國回來

(9) 陳芳

　　陳芳在年幼時去了檀香山，當時檀香山是一個獨立的王國，陳氏在那裏經營蔗糖生意，後來娶了當地一位皇室成員，成為皇親國戚，這對他生意有更大幫助，所以他在檀香山發展得很好。但後來檀香山與美國合併，成為美國的一個州份，當地華人的生意大受影響，陳芳將當地的物業賣出後返回中國。

　　陳芳回到香港之後，他就投資 Douglas Lapraik，即是德忌利士輪船公司，那是一間很大的船運公司，今日中環仍有一條德忌利士街。他兩位兒子都在香港發展得不錯。

　　陳芳的故居在梅溪，屬於重點文物保護單位。當中保存着當年的舞廳、臥室等等。故居內有梅溪石牌坊，表揚他曾捐贈很多錢回家鄉賑災。

(10) 馬應彪

　　馬應彪自幼前往澳洲生活，後來選擇在香港開設百貨公司，他看中了當時的香港是重要的商港，亦是華洋雜處的地方，就在這裏建立了先施有限公司，可以說是中國近代第一間外國式的百貨公司。這家百貨公司的特別之處就是聘請了女售貨員，這在當時來說算是非常震撼，很多人都是因此而前來光顧；另一特別之處就是不議價，因為以前流行議價，甚麼都會議價一番，但在那裏則不議價。先施後來在上海、廣州等地開設分店。

　　馬公紀念堂位於中山市沙涌村，為意大利式建築，找來三個不同國家的建築設計師，設計了三棟房子，分別是南源堂、一元堂以及婦幼院。馬應彪從兩個孫子（馬健南、馬健源）的名字中，各取一個字來為馬家的住所定名，稱其為「南源堂」。而相傳馬應彪為了激勵後人勤奮、努力，寓意「一塊錢也可以發達」，故將另一棟房子命名為「一元堂」；「在明亭」則是借用了父親「馬在明」的名字，同時用於紀念其先父。至於學校，馬氏行商致富後，

致力為家鄉建造一座學堂──沙涌婦幼院。馬應彪最初是為了給村裏的孩子們提供一個良好的學習環境，為村裏的村民提供受教育的機會。後來因為學堂場地有限，遂把這棟樓改為婦幼院，專門向婦女、兒童傳授文化知識，使婦幼院成為當時農村裏最早的婦女學校。

(11) 郭泉、郭樂

說到先施，不得不提永安。郭泉（1875 － 1966）、郭樂（1874 － 1956）早年去了澳洲及大溪地，賺錢後回國，選擇在香港創業，成立了永安百貨公司。這家公司的特色是在頂樓設遊樂場，吸引父母帶同小朋友光顧，小朋友可以在頂樓遊玩，父母則可以在商場安心購物。永安的發展似乎較先施還要好，因為上海永安規模非常大，至今仍保存下來。永安不只是百貨公司，後來更有自己的銀行、保險，甚至有紗廠，所以永安可說是企業。郭氏兄弟都是中山人，他們與先施馬氏的家鄉非常接近。

沛勳堂建於 1932 年，位處竹秀園村，是由永安公司創辦人郭樂、郭泉、郭順（1884 － 1976）兄弟為紀念先父郭沛勳而建的。走入沛勳堂一樓的大堂，左邊牆壁上掛着沛勳公及其後人的照片，還有 1925 年農曆九月十八日沛勳公八十大壽的全家合照。

(12) 黃勝

黃勝負笈美國，後因水土不服返港。回到香港後，他一直在英華書院印字館工作，出版著名的報刊《遐邇貫珍》。日本人每到香港一定會去英華書院購買《遐邇貫珍》。這份報刊可以說是明治維新之後，對日本人的近代思想啟蒙有一定的幫助。黃勝很特別，他有時會留在香港，有時又會送小朋友去美國，也曾在美國的領事館工作。他亦有參與洋務運動，後來回到香港並且歸化英籍，之後成為定例局議員。

當時寓居香山尚有其他重要人物，如唐國安（1858 － 1913）、蘇曼殊（1884 － 1918）、蕭友梅（1884 － 1940）、唐滌生（1917 － 1959）、盧慕貞

（1867 — 1952）等。可能大家都會問，為何在這歷史時期、這個地區會出現這麼多著名人物呢？如果我們到當地考察，不難發現香山的地理位置，其實是在青山對面，與澳門很接近。另外一樣值得留意的，剛才提到的那批人不少是基督徒，例如容閎、韋玉、黃勝等，究竟基督教在那時扮演甚麼角色？這亦值得去探索。更加有趣的是，這個時期、這個地區所湧現的文人，與同一時期的廣東省珠三角一帶其他地方作比較，應該會非常有趣，譬如廣東以南海、番禺、順德最為富庶，這些地方又出現了甚麼人才呢？若然我們將同一個時期，在珠三角地區所出現的人才作比較、探討，不難發現，香山無論在政治、經濟、文化等各方面都很突出。

三、歷史考察的方法與考慮

1. 概論

顧名思義，全方位學習強調「處處學」，希望可以擴闊學生視野，將課室的課堂學習延伸出去。大衛庫伯（David Kolb）整合教育家杜威（John Dewey, 1859-1952）的「做中學」（Learning by Doing）理論，將學習過程分為四個階段，包括具體經驗（Concrete Experience）、省思觀察（Reflective Observation）、抽象概念（Abstract Conceptualization）與主動驗證（Active Experiment）。這四個階段形成一個循環的學習過程[19]，並不斷重複。

---

19 大衛庫伯的經驗學習理論將學習過程分為四個階段（如附圖）：一、具體經驗（Concrete Experience）：強調以個人的感覺進行學習（Learning from Feeling），從一個特殊的經驗中學習，對所接觸的人事物產生強烈的感覺。而有趣的具體經驗更能提高學生學習的意願；二、省思觀察（Reflective Observation）：強調用看與聽等感官來學習（Learning by Watching and Listening），作任何決定之前會先仔細地觀察周遭環境、事物的變化，喜歡由不同的角度來看事情，以尋求事情真正的意義；三、抽象概念（Abstract Conceptualization）：強調以思考來進行學習（Learning by Thinking），會從邏輯的分析與概念來學習，先完全了解情景，之後才做出有系統、有計劃的行動。經驗只是理性的素材，而這些經驗素材必須經過系統性理念的結構化歷程，才可建構成為可靠的知識；四、主動驗證（Active Experiment）：強調以實際操作來進行學習（Learning by Doing），有能力及耐心將事情完成，喜愛冒險性的活動，並且採取行動去影響周遭的人事物。以上資料參考自：趙偉順、張玉山（2011）。〈經驗學習理論在生活科技課程的教學應用——以「扭轉乾坤」曲柄玩具單元為例〉。《生活科技教育月刊》，第44卷，第6期。

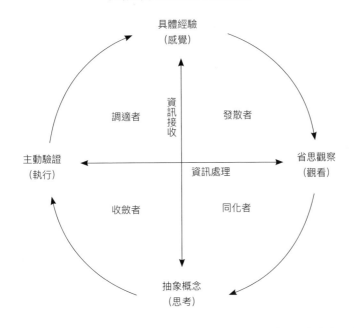

大衛庫伯的經驗學習理論

具體經驗
（感覺）

資訊接收

調適者　　　　　　　發散者

主動驗證　　　　　　資訊處理　　　　　　省思觀察
（執行）　　　　　　　　　　　　　　　（觀看）

收斂者　　　　　　同化者

抽象概念
（思考）

　　這種體驗式學習其實是希望學生可以憑他們的直接經驗建立三個層次：第一個是知識（Knowledge），第二個是技巧（Skills），第三個是價值（Values）。透過積極的嘗試，我們希望從知性方面去延伸學習，讓學生得到更廣闊的知識基礎，從而去陶冶性情，對歷史產生興趣與感情。

　　教育局在 2002 年於八大學習領域當中的「個人、社會及人文教育學習領域」（Personal, Social and Humanities Education Key Learning Area）上清楚提到，要鼓勵學生透過探究式學習（Inquiry Learning）以建構知識，增強學生的學習技能，從而建立生命價值觀。其實在一些實地考察的案例中，課程發展處嘗試為這些實地考察的探究學習（Field-based Learning）下定義，希望透過考察的過程，讓學生可以透過觀察、訪問等方式，在收集資料後作進一步整理、分析，除了聯繫到課堂知識之餘，還能建構出更多新知識。

在 2007 年，課程發展處有一個為高中課程而設的指引，裏面提到歷史考察活動的中國歷史課程評估，希望能夠讓學生將所學的歷史與現實結合，親身去感受歷史氛圍，了解到事件的細節並拉近距離感等。[20] 學生抵達歷史現場，可以進行觀察、量度、訪問、記錄等活動，以增強研習歷史的能力。教師作為學與教的促進者，在安排考察活動時，會儘量協助學生在活動現場匯集史實與數據[21]，然後再在史實的基礎上，幫助學生去探究歷史，所以認識史實是歷史學習最重要的基礎，亦可以讓學生去進行一些調研、探索，希望學生透過考察學習，最終達至預期的學習成果。而教師在進行考察前，宜清楚地為學生提供一些背景知識和切入點，讓學生帶着問題去考察，嘗試藉現場探究所得去解答問題，這是很重要的。如果學生茫然跟從老師前往現場，事前甚麼都不知道，或者心中沒有任何意識，而未能達至預期的學習目的與目標，最終只會浪費了時間。

2. 以前往香山地區考察為例

（1）背景搜集資料 —— 地圖詮釋與文獻參閱

如何把課題聚焦，以更容易讓學生學習？以前往香山考察為例，其實在 19 世紀末及 20 世紀初，整個香山地區出現了不同方面的人才，其中與商業相關的比較突出，譬如買辦階層，又或者以四大公司[22]為首的企業階層，先將他們歸類為商業精英會更為聚焦，容易讓學生學習。試翻閱今日的中山及珠海地圖，不難發現石岐區有「新新」李氏 —— 李敏周的故居，另外沙涌地區是「先施」馬氏，竹秀園就是「永安」郭氏。目前中山市最南邊就是三鄉，三鄉再下方就是珠海，珠海東面的沿海地區，不少企業與買辦都分佈在

---

20 參看課程發展議會與香港考試及評核局聯合編訂：《個人、社會及人文教育學習領域中國歷史課程及評估指引（中四至中六）》，2007 年出版（2015 年 11 月更新），頁 114 內提及有關歷史考察活動的內容：「考察活動 —— 學生對發生於時空距離自身甚遠的歷史，無可避免會感到疏離。而考察活動則可拉近學生與歷史的距離。踏足歷史現場，學生可親身憑弔及想像當年史事發生的情景，容易投入其中及了解歷史發生的因由。身處國土研習國史，親眼目睹昔日的歷史場景和今日的發展面貌，在感受當地的風土人情之餘，感情油然而生，對國家、民族自有另一番深入的體會。」

21 作者認為分析、推敲及情感的建立均須建基於史實。

22 20 世紀的 2、30 年代，中國的四大百貨公司包括：先施公司、永安百貨公司、大新公司和新新公司，曾佔據上海、廣州和香港這些商業地帶。四大百貨公司創辦人全都是香山籍的澳洲華僑。

此地區，從上至下有外沙村「大新」蔡興（1869 — 1957），會同村是「太古」莫氏，下面是北嶺村的「寶順」徐氏，再下面是梅溪的陳芳，最下面就是南屏的容閎等等。

如果以這個課題為例，我們應該向學生提及 19 世紀以來「西力東漸」的背景、中國現代化，以及當時該地區出現的出洋熱潮等等，亦要向學生講解一些關鍵概念，例如香山是一個怎樣的概念呢？「買辦」、「出洋」、「現代化」、「企業」、「地域社會」等概念在考察過程中不時會用到。在形式方面，教師要提供一些資料和數據給學生，指導他們先進行文獻閱讀，否則到達之後會不知所措。教師可以幫助學生先省覽前設知識的資源，譬如在影片方面，北京電視台的《傳奇中國》系列都有介紹永安家族，香港衛視也拍過馬應彪的先施公司，而在坊間也有不少有關香港望族及買辦的參考書籍。

在史事認知方面，一定要幫助學生去建立探究歷史的意識。在歷史場景中，任何事物都可以是史料，就如章學誠（1738 — 1801）所說：「盈天地間，凡涉著作之林，皆是史學」，任何著作及文字都可以是歷史。所以我們需要留意，在歷史場所中的楹聯、題辭、碑記，甚至是墓誌等都是史料，收集這些資料有助建立人物的生平。以四大公司企業精英為例，透過搜集有關資料，可以了解他們的生平、人際關係、商業營運的軌跡、營運的模式、地域文化與地域社會之間的關係，以及他們所擁有的文化資本等。

(2) 歷史場景探究 —— 歷史建築、圖照、碑銘、墓誌等的載錄

歷史考察最重要的是現場考察。我們以先施公司馬應彪的故居馬公紀念堂為例，在大堂的牆壁上掛了一些相片，相片上的文字非常有用，其中兩幀顯示馬氏家族在地域社會的聯繫。第一張攝於 1920 年香港基督教女青年會成立時，該會的創辦人就是馬應彪夫人霍慶棠（1872 — 1957）[23]，霍氏是

---

23 霍慶棠是聖公會聖士提反堂主任霍靜山（1851 — 1918）牧師的二女，曾在先施公司當售貨員。於過往中國的各行各業中，店舖和商號的職員和工人多為男性，香港先施公司是首間聘請女性充當售貨員的百貨公司。

香港近代女權運動中非常著名的人物。她的妹妹霍絮如嫁給馬永燦（1863—1938），馬永燦同樣是先施公司的另一位股東，所以從照片可窺見他們背後的姻親關係。早在 1921 年，馬氏家族已經在家鄉開辦幼稚園來造福鄉梓、建立鄉譽，所以在第二張相片會見到他們與地域社會的關係。

甄賢學校是容閎捐建的其中一間學校，那裏同樣有碑銘，內文提到興學的一些宏願，並感謝容閎的慷慨。進入學校裏面，要特別留意不同的牌匾。有一幅牌匾是在乾隆元年（1736）時，由當時的廣東布政使薩哈諒送給容閎先祖容太仰的，他們視其為家族的光彩，因為這是一個從二品的官員送給一個八品官的牌匾，這個牌匾顯示了容氏的社會地位。

在陳芳故居牆壁上貼有該族的世系表，從這個世系表可窺見陳芳的世系，亦反映了他的家族地位。在故居外不遠處的梅溪牌坊旁邊，有一個家族的墓地，內有陳芳與原配夫人李杏的合葬墓，並立了一個合葬墓碑，除了顯示陳氏家族在鄉族中的地位，也反映陳芳雖然入籍外國，並娶西婦為妻，但最終仍落葉歸根，歸葬故鄉。這些都可以通過實地考察引導學生搜集相關資料，從而得出結論。

（3）博物館學習——有關歷史文化片段的有序排列

博物館是將歷史知識有系統地整理排列，再重新顯示出來的地方，對學生的學習非常有用，除了一些歷史場景考察外，博物館也是不容錯過的學習場所。例如石岐市中心的孫文西路有香山商業文化博物館，裏面分不同專題，有近代香山商業概況和民間商業文化、香山籍名人的商業理念和香山籍買辦對近代中國的影響，和中國近代商業歷史上著名的四大百貨公司的相關情況等。博物館樓高三層，教師帶領學生參觀時要幫助學生去建立搜集資料的意識。

博物館的好處是可以幫助學生有系統地整理、鋪陳文物及有關的歷史資料，例如以「香山籍商人主要人物一覽表」為例，它把很有價值的數據顯

示出來，學生不用花太多工夫，便可搜集包括當時商人的姓名與任職洋行等資料。此外，博物館又設有「先施、永安、新新、大新四大百貨公司營業額和利潤情況表」，上面將四大公司的營業額和利潤顯示出來，學生可以了解到，由 1938 年至 1941 年，賺錢最多的是永安公司，在 1941 年賺了一千多萬，在四大公司中排行第一。此外，不少照片都很珍貴，例如有永安大股東郭樂、上海永安與香港永安、新新公司等的照片，特別是解放後新新公司成為「上海市第一食品商店」的照片，均屬難能可貴的歷史材料。

(4) 史事探究 —— 歷史資料的言內意外

除了認識歷史之外，我們可以用不同的主線作為探究中心，幫助學生進行史事探究，譬如可以利用人物作中心，設計一些不同的工作紙或評核任務讓學生整理搜集到的資料，例如人物生平剖像表；另外亦可將四大公司建設的年代、地點整理並排序，他們就會明白四大公司的發展軌跡，可以進一步幫助他們整理四大公司的創辦人的背景資料，譬如他們的僑居、宗教信仰和聯姻關係等。其實四大公司除了李敏周家族之外，其他三間公司都有聯姻關係。

史事探究亦可以利用歷史建築為中心，參觀時不妨與學生講解整個歷史建築所座落的位置、地理歷史、建築特色、相關人物的活動和社會結構，特別要注意的，就是歷史建築周邊的情況、人物或家族所繁衍出來在地區社會的影響、文化特色及取向等，又可以從西式建築，或者中西合璧等不同類型的樓房屋宇反映建築物背後的主人的生活價值及信仰。例如中山馬應彪的故居馬公紀念堂，馬公就是其父馬在明先生。建築物為一屋三院的設計，主建築是一元堂，是意大利式的建築，有一個穹形的屋頂，是一個很特別又有標誌性的特色；南源堂是他們主要居住、生活作息的地方，屬英式建築；而婦兒院，即婦孺住的地方，屬西班牙式建築。一屋三院有三種不同的西式建築特色，可以理解到屋主背後的文化取向與生活價值。

當然，鑽研歷史，少不免要有學生的參與，如果全部都由老師帶領和

講解，學生身處現場的感覺會不甚強烈，所以學生在考察現場亦須進行預先分配的學習任務，包括觀察、調查、訪談及記錄等，讓他們利用現場的歷史資源，進行研習。

四、總結

進行歷史考察，無非想讓學生通過參與及體驗進行全方位學習，活動後能夠作有系統的整理及總結，例如整理活動紀錄、完成考察報告或評議、拍攝及製作錄像、設計網頁，甚至製作模型等，都是學生感興趣的評核模式；也可請學生將結集好的資料，進行匯報，指導學生把自己在考察現場搜集到的資料與證據，有系統地整理好，讓他們有機會展示出來。最後，教師可給學生總結歷史考察的作用，包括透過歷史考察，可培養到學生對歷史的觸覺；學生親自觀察、觸摸、探究和評價，能夠發展學生明辨性的思維；實地學習可培養學生的基礎能力與情意涵養。學生不單只要學懂知識及技能，更要建立對歷史的感情，即情意與價值教育，以擴闊視野，提升學習興趣，增強實踐能力，全面地得到教導與成長。

歷史課程的實踐，拉闊學習空間與拉近和歷史的距離是相輔相成的。在一個考察裏面，我們希望是技能方面的訓練，可以是歷史知識上的汲取或建構，亦可以是情意教育的培養，而教師作為設計者或促進者的角色，設計體驗式學習時宜考慮兩點：

- 時間的長度、內容多少、目標為何等，使學生清晰地按既定目標或目的進行學習。
- 進行先導考察，統籌或負責的老師最好自己進行先導考察，以減少體驗活動時發生意外的情況，也可藉先導考察，思考如何令活動更有價值。

其實過去乃今日事物的背景，歷史發展與今日生活息息相關。學生修讀歷史，最重要是感受歷史，此與上文提及的「情意」很有關係。研習歷史

不單局限於教科書或參考書，歷史其實是一種與今日事物息息相關的生活文化的延續與轉變，學生透過體驗式學習，會更容易接受歷史與文化。生活就是感受歷史，歷史雖是已過去的情景與事物，不過不少歷史場景仍然存在。最後，在學校行政及本科的學與教來說，有關同仁真的需要平衡各方面的安排，本科每週的堂數少，要學的卻相當多，希望科任教師、科主任或校方，在課程實踐的取捨上，能涵蓋體驗式學習的元素在內，為學生創造多元化的學習經歷。

精華片段回顧

「環保」？還是「保環」？

林超英先生

香港天文台前台長、香港環境運動委員會前主席、香港鄉郊基金
主席、香港觀鳥會榮譽會長、英國皇家氣象學會榮譽會士及特許
氣象學家。

很多人叫我「環保分子」，但我會否認。第一，我不是「環保」；第二，我不是「分子」。首先，「分子」在中文裏帶有貶義。在不同的歷史時期，「革命分子」會被槍斃，「反革命分子」也會被槍斃，環保「分子」可能也會被槍斃，我當然不想死；其次，我必須跟大家說清楚，我不是「環保」分子，我只是保護環境的人，「保」在「環」前面。

我們需要先弄清楚「環境」這個名詞是甚麼意思。在中國歷史上，於漢唐時代已經用到「環境」這個名詞，如《新唐書‧王凝傳》：「時江南環境為盜區，凝以彊弩據采石」，「環境」解作某條邊界（環）內的地方（境），是一個空間的概念，相當於現代漢語「周圍的地方」。

到了 20 世紀初，「環境」這個名詞重新出現在中國的文章，變成人類或其他生物生存的空間，「生存」與「空間」兩個概念並行，例見梁啟超：「既涉到物界，自然為環境上 —— 時間空間 —— 種種法則所支配」，大概在這個時候，中文給了「環境」這個名詞新的定義。有很多人說它是來自日本的詞語，我認為不可以這樣說，因為「環境」這個名詞是由中國傳到日本的漢語詞，在 19 世紀末吸收了西方 environment 的意思後，再回到中國本土，這類詞語可稱為「僑語」。

既然提到「環境」是從西方 environment 而來，那麼 environment 是甚麼意思呢？現在的牛津字典有兩個解釋，其一是「周圍的空間」，當中指明是關乎人類或生物生存的，它舉的例子是 hostile environment（有敵意的環境），有趣的是，提到 environment 這個名詞，總有一種負面感覺；其二是「自然世界」，尤其是受人類活動影響的自然世界，即是變了狀態的自然、不再自然的自然（Denatured Nature），也是負面的，它舉的例子是 the impact of pesticides on the environment（殺蟲藥對環境的衝擊）。總之，environment 這個名詞的意味是負面的。

　　讓我們考究一下 environment 這個名詞在歷史上是怎樣演變的。在 1600 年之前，它是一個軍事用語，是被人包圍（Environ）的狀態，例如守住的城被包圍，就寫成 being environed；但是到了 1827 年，出現了新的用法，解作人或生物生活的境況（Conditions in which a person or things live），與生存和生活拉上關係。但奇怪的是，這個時期英語社會竟然把生存的周圍境況，用含有敵意的「包圍」來形容，所以 environment 這個名詞一開始就是負面的。此後去到百多年後的 1956 年，才開始帶有「生態」（Ecology）的意思，相當於「自然環境」（Natural Environment）。大家留意，environment 這個名詞的演化過程是：被人包圍，接着是人或生物生活的境況，最後是所有生物、死物合為一體的自然界，但最後的理解很晚才出現。

　　1600 年之前的世界是怎樣的呢？那時人類一般住在小鄉村，在大自然的懷抱中，大抵以耕田、種樹等維生，那時生活的地方不稱為 environment 的話，又會怎樣稱呼呢？我問這個問題時，通常身邊的人都感到錯愕，不懂回答，但其實很容易，就是 nature，中文翻譯為「自然」，凡是生物都包含在內。大家需要留意，那個時代的人不會稱它為「環境」，不會視它為包圍自己和有敵意的東西，因為我們活在當中很愉快。大自然養育我們，給我們食物，是我們賴以生存的，所以我們周圍的境況，是給予我們幫助的，而且人類心中還隱約地感覺到，我們與自然是一體的，所以「人性」在英文稱為

human nature，即是我們的內心是與自然相通的，用中文的說法，就是直到那時，人感覺到「天人合一」。

1800 年左右，工業革命冒起，我們從書本上取得的知識是「工業革命令人類生活改善很多」，可惜這只是浪漫的說法。讓我告訴你工業革命後的世界是怎樣的：人類在城市開工廠，城市有工廠之後，見到的是烏煙瘴氣，生活是不太好的；本來在鄉村耕田的農夫跑去城市當工人，被廠主欺壓，英國文學作品中有很多這方面的描述。城市空氣污濁，加上沒有污水渠道，導致污水橫流，人會覺得周邊的情況在損害身體健康，在侵害自己，這時的生活空間變成甚麼狀態？就是被敵人包圍的感覺，四周不再是友善的 nature，開始稱為 environment，而且這個 environment 是有侵害的性質。倫敦當時工業很發達，有很多工廠，不過就問題多多，例如倫敦人民的飲用水是從上游而來的污水，導致很多人生病，成為嚴重的健康問題，他們就發覺需要處理污水，於是興建了一條渠，把上游的污水繞過倫敦送到下游，讓人民能夠飲用乾淨的水，這個故事凸顯工業革命後的「環境」，是侵害我們人類的。故此必須指出：工業革命只是改善了地球一小部分人的生活，世界上很多人 —— 事實上大部分人的生活並沒有得到改善，貧困的人可能越來越多，就城市人的精神生活來說，甚至是退步了。

歷史繼續演變，轉眼又過了百多年。1952 年，倫敦出現一次非常嚴重的霧霾，死亡人數以千計，社會猛然發覺空氣污染會令人死亡，便敦促政府立法，幾年之內就出現了首項關於清潔空氣的法例 —— The Clean Air Act，從此西方社會才有對付環境劣化的法律依據，也有一個新概念 —— environmental protection，中文譯作「環境保護」。

但是「環境保護」是保護誰呢？或者是保護甚麼呢？在我看來，並不是保護環境。我問我的聽眾這個問題，他們大多會回答：「『環境保護』是希望受污染的空氣不影響『我』，希望污水不影響『我』，希望所丟棄的垃圾消失

了而不影響『我』；汽車的噪音用屏障遮擋不騷擾『我』就可以了，車輛繼續發出噪音影響其他地方或人是沒有問題的。」

當年大學畢業前，我曾經想過畢業後修讀環境保護，將來從事有關空氣污染的工作。為此，在 1970 年左右，我去圖書館借了一本講空氣污染的鉅著。讀過以後，才發現原來裏面只是教人建煙囪應該達到甚麼高度，才能使污煙在比較遠的距離落到地面，也就是說，這只能保障住在工廠附近的人們不受污染影響，但是污煙着地後污染住在遙遠地方的人就不討論了。看完之後，我立即決定放棄修讀環境保護，因為原來所謂環境保護，只是保護自己，煙飄到遠處騷擾其他人就不管了，我心想：怎麼可以這樣？

環境保護背後的理念原來很自私，只顧自己。被污染的空氣、污穢的水、垃圾、噪音等等，千萬不要影響「我」，重點是「我、我、我」。講到底，環境保護所保護的是「人」，甚至只是「自己」避免被環境侵害。情況就等如 fire protection，目的是保護「人」不要被火燒傷，不是保護「火」！又例如 bacteria protection，是保護「人」不要被病菌侵擾，不是保護「病菌」，所以 environmental protection，是抵抗環境，不是保護「環境」。

從根本上來看，這是非常不妥的，「環境保護」為的是「不騷擾我」，那麼，騷擾其他人就沒有問題嗎？污染擴散到其他地方就可以不理會嗎？大家要記住，所謂「環境保護」，是以「我」為中心的，或者是以「人」為中心的，不過後者的地域概念是很狹窄的。半世紀前只管一支一支的煙囪，但是我們現在都知道，空氣污染是關乎整個區域的，還會從一個區域飄移至另一區域。

講到這裏，我們仍然只聚焦在死物 —— 污染物的擴散，而且是關於人的。1962 年發生了一件大事，與出版社有關，一本名叫 *Silent Spring* 的書面世，中譯《寂靜的春天》。為甚麼春天會沒有雀鳥叫聲呢？因為人類發明了殺蟲藥（DDT），非常有效並得到廣泛使用。在我兒童時期，香港很流

行，沒想到 DDT 四周擴散後，會無差別地傷害各種生物，包括雀鳥以及人類自己。1962 年這本書藉春天變得寂靜這個直觀的現象，令世界警醒：原來某些化學物會傷害動植物，累積起來甚至會禍延人類。

前面提到 1952 年空氣污染「殺」人，到了 1956 年，environment 才有「生態」的意思。這個時期，部分人已開始醒覺：人類的生存不單受制於物質環境，還連繫到周圍的動物和植物。人與生物是需要共存的，沒有雀鳥食蟲，農作物會受損，影響食物供應。1962 年，《寂靜的春天》出版後，除了促使禁止使用 DDT，還令「與自然共存」的概念在西方廣泛流傳和進入社會主流。去到 1970 年，更促成美國成立環境保護署。不過，就讓我不厭其煩地講一次：是「環境保護署」，不是「保護環境署」。

理解了英文字 environment 這個名詞的演變過程，回望香港情況，其實一樣糟糕。我們在市區住得很擠逼，經常面對污染問題，走在街上到處見到垃圾，嗅到汽車廢氣，周圍都是令人不舒服的「環境」（Environment），是傷害我們的「環境」。在香港經常聽到的「環境保護」，一般講的是控制污染，保護這裏的人，不是講保護生態。

現在想像我們跑到郊野公園，從山上望向大海，望向天空，感受環境的分別，眼前是自然景色，跟城裏樓宇擠逼完全不同。例如印洲塘有山、有水、有天、有雲、有樹，這裏沒有受到人的影響，不會讓人覺得被包圍，反而會覺得無拘無束。你覺得思想可以跑出你的身軀，走向遙遠的地方，個人思想可以填滿整個空間，感覺非常舒暢。這種令人舒暢的地方就是「自然」，其實生活最重要的是跑到自然之中，我們就會感到心情舒暢。

剛才講到「城市」、「郊野」、「自然」、「環境」等名詞，可以組成兩個對比 ——「環境」對「自然」、「城市」對「郊野」。如果生活在只有城市的環境，我們會陷入瘋狂，因為我們無法舒展思想、情緒。城市和自然，對應英文 city 與 nature，而兩者中間的地方在英文稱為 countryside。在中國

歷史上，國家分為「城、鄉、郊、野」四個層次。「城」是一個人口密集、消耗物質和能量的地方；「野」是漁獵之地，輸出供養之物；「鄉、郊」則是過渡地帶，相當於英文的 countryside，是農業生產的地方，也是供養城市的基地。為甚麼香港有「香港鄉郊基金」呢？因為我們很重視這個中間地帶，很想守護它。大家在城市裏感覺活得辛苦時，可以到鄉郊地方過一種另類生活，享受郊野，感受親近自然的樂趣。大家要分清楚，「自然」與「環境」是兩件事，也就是「鄉、郊、野」跟「城市」的分別。

讓我們從高一點的層次看，人與自然有甚麼關係？可持續發展是甚麼？很多人會講：「可持續發展是『社會、經濟、環境』三者之間達至平衡。」雖然書本上是這樣教的，不過這是錯的。當中的「環境」，應該要看作「自然」。如果自然失衡的話，人根本就無法生存，甚麼發展都不用說。正確的概念是：人與自然有三個關係，第一是氣候，物質世界不冷、不熱、不乾、不濕，讓你能夠生存；第二，自然界提供食物給你，供養你生存，但是自然不會對人絕對仁慈，如果人不斷增加繁殖數目，會令到其他生物不夠資源生存，因此自然與人有第三個關係——疾病，疾病的傷害控制着人類的數目。「食物」這邊是生，「疾病」那邊是死，有如道家的陰陽關係。

人類遠祖從樹上生活轉移到地面行走覓食，至今經歷了二百多萬年。在波折起伏的演化中掌握了生活平衡之道，適應了氣候、食物、疾病三樣東西，自然界成為扶持人類的基礎，重要性在社會和經濟之上。那麼我們人類應該如何運作呢？在社會和經濟之外，我認為需要加入「知識」，才可以保障社會和經濟的運作，長遠維持人類生存，令人類有良好的生活，以及有機會活出生命，享有精神生活，否則結果或是人類滅絕，或是活得像被飼養的豬一樣，渾噩一生。

雖然今日無法詳細解說，不過請大家記住，氣候、食物、疾病，全部都是太陽能量在背後驅動的。太陽與天地萬物，才是人類生命的真正基礎。另外請大家注意，金字塔頂不一定是人類，也可以是螞蟻、大象，甚至是

魚，因為所有生物都在這個基礎上生存、生活，以及活出生命。

　　但是，十分可惜，過去二百多年來，人類把本來美好的、供養我們的自然，變成會傷害我們的環境。工業革命後，工廠把自然材料變成不自然的「產品」，透過貿易推向「市場」。最近半世紀又鼓吹「消費推動經濟」，以致消耗了大量能量，生產無數很快變成垃圾的產品。由於能量來自燃燒化石燃料，造成二氧化碳排放，導致全球暖化和史無前例的急速氣候變化，衝擊全球生態系統。最近數十年經濟的「金融化」更令問題越趨嚴重。時間有限，只能簡單地描述一下，空氣中的二氧化碳濃度劇增，由工業革命開始時的280ppm，升到現在的420ppm，共上升了接近一半，並推算21世紀末的氣溫將遠超過去二千年，甚至可能超過過去二千萬年！我們目前面對的不是所謂環保問題，而是人類的生存問題，甚至是眾多生物的生存問題。不只是人類，很多生物都是在過去二百萬年冰河時代才在這個世界立足，從未面對過預期的高溫。如果氣溫回到二千萬年前的水平，生物會「洗牌」，連鎖反應是人類食物供應有危機，而且病菌、病毒等適應新氣候變化的速度比人類快，人類恐怕抵抗不住新的疾病，人類和所有生物都有生存危機。

　　讓我們藉「衣食住行」看全球溫室氣體排放的情況。我以「衣」這個字代表我們使用的種種消費品。生產它們時，與工業使用的能量相連的溫室氣體排放，大概佔全球排放的四分之一；「行」包括人與貨物的運輸，佔約兩成。有人說運輸無可避免，但我認為很多貨物的運輸和人的旅程都是無謂且浪費的；「住」指在建築物內的能量消耗，主要是製冷和製熱，如冷暖氣和熱水等，還有各種電動機器如升降機、水泵等，建築物的排放約佔全球兩成；最後，「食」的影響也很大，農業生產方式會排放溫室氣體，如甲烷。現代工業化的農業耗用不少能量和排放二氧化碳，廚餘埋在堆填區也會釋放出甲烷，因此「食」這方面的溫室氣體排放量佔全球兩成左右。

　　「衣」代表我們用的所有消費品，簡單來說，我們把自然的材料變成產

品，過程中使用到能量，既產生了污染，又釋放出二氧化碳，結果造成污染與氣候災難，除了傷害其他生物，還影響糧食生產和食物供應。氣候變化和生態系統改變之後，微生物為了適應而變異，變成影響人類的新型疾病，所以我們不是只怕空氣污染或氣候變暖，還要擔心生物世界的轉變。為甚麼現在有那麼多奇奇怪怪的疾病？是不是偶然？大家要認真思考一下。人類除了因為生活消耗很多能量而輾轉導致氣候變化外，還有直接破壞自然的行為，例如濫捕魚類的工業化漁業，完全不留活口，造成全球主要魚場全面崩潰。現在需要依靠養殖魚類，但養殖業本身又製造海洋污染，災難正是「火頭處處」。

我希望大家從今天的介紹得到一個啟發，明白以「氣候變化」或「全球暖化」形容目前的情況不能反映事情的嚴重性，實際上我們正進入「氣候災難」或「氣候緊急狀態」。大家看看新冠疫情便知道，它不只是疾病事件，更伴隨一大堆全球連鎖反應，影響社會和經濟體系的運作，影響以億萬計的人的生計和生活。氣候變化也一樣，極端天氣會造成傷亡，但傷亡數字本身未必是最大的問題，麻煩的是極端天氣之後，有很多人無家可歸，食物和食水短缺，加上世界主要糧食減產，疾病橫行，怎樣辦？

氣候和生態失衡之後，接着就到社會失衡。因為氣候變化會令部分地區糧食不足，飢餓的災民會離開家鄉找尋食物，成為氣候難民，四處逃亡。人類會為水和糧食打仗，其實這個情況已經出現了。2000 年代，於非洲的乍得和達爾富爾地區，在長期乾旱的背景下，發生了戰爭。年輕人可能沒有聽過，那已經被稱為「第一場氣候變化衝突」。至於過去十年的敍利亞內戰，一般以為是政治戰爭，但內戰為何會爆發呢？因為在氣候變化的背景下，敍利亞出現了連續七年的旱災，全國農業崩潰，大量農民入城後難以處理，社會積累怨氣而變得不穩定，稍有刺激就變成動亂，再衍生為內戰，形成又一次規模更大的氣候變化衝突。聯合國安全理事會不只一次討論「氣候變化」為一個全球安全問題，所以我們不可輕視氣候變化，以為只限於天氣的冷或暖，必須知道它足以令整個人類社會變得資源匱乏和動盪不安。

大家也許覺得現在的瘟疫很嚴重，但我覺得氣候災難更嚴重，因為氣候災難不像瘟疫，它沒有疫苗，解決問題沒有捷徑。氣候災難起因錯綜複雜，早於二百年前開始，人類生活已經變得大不同，大家都習慣了大量耗用物質和能量的生活，如何才能令人類改變生活習慣？尤其是現在物質生活感覺舒適，如果要回到以前父母輩的簡單生活，有很大難度。瘟疫的影響有一定的地域性，但是氣候變化則是全球同步的，對大家都有影響，到了嚴重階段時，大家都沒有餘力幫人。事實上，在疫症期間，我們見到多個國家只顧自己搶購疫苗，全球的疫苗出現分配不均的問題，將來氣候變化下人人受影響，沒有人有能力幫人，或者沒有人願意幫人，所有人都要靠自己去應付。

氣候變化最重要的是牽動全球生態，不單影響人類，還會影響其他生物，「飛、潛、動、植」都無一倖免，影響我們的糧食生產。舉個例子，現在能夠種植蔬菜的地方，因為種植多年，菜與蟲取得平衡，蟲害不成大問題，但是氣候變化之後，蔬菜不適應氣候而生長不了，需要找其他地方種植，但其他地方有別的害蟲傷害蔬菜，結果易地種菜不成，其他農作物處境亦一樣，總體糧食供應會出現困難，這足以牽動全球生態，對人類十分危險。

氣候變化令氣候變得不宜人居，令本來供養我們的大氣層變成會侵害人的「環境」。在這個情況下，人類其實是有可能滅亡的，而且可能是不久的將來。我以前以為受氣候變化傷害的是我和我的學生的下一代，想不到變化步伐太快了，現在三十歲年輕人這一代，若能活到一百二十歲，未來九十年內將會有很痛苦的經歷。瘟疫只是一部分，還有全球變暖，並不是說全球停止燃燒煤和石油便會立即解決問題，因為物理系統有一種惰性，暖化還會持續好幾年，所以現在已經實質地進入了一個緊急狀態，想遏止氣候變化，則需要百年的努力，如果想回到工業革命前的水平，估計還需要二三百年，因此事態緊急，必須從今日立即行動。

我退休多年，為何不去享受生活而花氣力到處講氣候變化這個話題？因為作為氣象學家，我擔心大家未來的日子很難度過。先講熱夜，天文台推算到了 2050 年，香港每年有八十晚是熱夜，即是兩個多月的晚上難以入睡啊！我出生時一年大概只有兩至三晚，2000 年有二十晚，最近幾年有四十至五十晚，已經讓很多人覺得辛苦。熱夜超過兩個多月的話，我簡直不敢想像，住在空氣不流通的侷促空間的窮人怎樣辦？想起都可怕。

　　回到誰需要被保護的話題，我們不只要保護人類，也要保護所有生物，所以請大家不要再說「環保」，你甚至可能不明白，事實上，連空氣我們都要保護，不要讓它受污染變成廢氣。現在大家都說要去郊野公園呼吸新鮮空氣，但是就算去到郊野公園，空氣裏的二氧化碳含量，有三分之一都是古代亡靈的氣息，聽得明白嗎？前面提到工業革命前二氧化碳濃度是 280ppm，現在是 420ppm，額外的含量來自燒煤、石油和天然氣時的排放，事實上三者都是遠古生物的遺骸，燃燒時所釋放的是儲藏在內的遠古二氧化碳，所以我們吸入的二氧化碳，有三分一是古代亡靈的氣息，讓我開個玩笑：吸入古代氣息很不正常，難怪現在的人都有點遲鈍。

　　大家需要開始認真行動，連死物都要保護，包括我擔心將來可能沒有得喝的淡水。我們現在要保護的不只是人，而是全部生物與死物，因為不保護其他事物，人就無法生存。我們必須保護整個具有「生態」意義的「環境」——氣候與自然的總和，其中「自然」指有生命的世界，一部分是供養我們的食物，一部分是疾病，即微生物和病毒，不要刺激它們變種到我們抵抗不了。未來實行可持續發展，必須注意與自然的三個關係：一是不可觸動氣候變化，以致它超過我們頂得住的程度；二是必須保障食物的穩定供應，要愛惜這個可貴的資源；三是必須小心不讓疾病出現大變，大自然藉疾病的攻擊來調節人口是生態系統的功能，這是無可避免的。所以我們以後必須對大自然保持尊敬之心，敬而遠之，不要主動去惹它，以免搞出大麻煩，自討苦吃。還有一點大家請注意，食物供應和疾病變化兩者都跟氣候變化有關係。

講到我們所用的能量，為了達至可持續發展，必須停用化石燃料，中止二氧化碳排放，代之以太陽能或由太陽能輾轉驅動的其他可再生能源，即是倚靠當代的能量，簡單地說，生活在陽光和自然的循環之中，我們人類就可以永遠存在。西方的發展思維核心是「一路向前」，是線性的，在我看來這代表着會一直耗用能量和物質，並不自覺去到懸崖邊跌下去；我們中國古代則早有周而復始的概念，相當於現代的循環，有循環就沒有終結，才有可持續發展的可能。

　　達到可持續發展，重點不是「環保」，而是敬愛自然，要好好保護生態環境。講了這麼多，中國人一句「天人合一」就概括了。我們要明白人活在世上，不是孤立的存在，而是活在很多來自遠古的「兄弟姐妹」和「遠房親戚」之中。細菌是我們的遠房親戚，因為我們最早的祖先說到底也是細菌、微生物。世上的所有生物都是我們的兄弟姐妹，一起在地球上生活，人並沒有甚麼尊貴的地位。

　　人類目前碰上的大麻煩，源自 18 世紀工業革命，西方世界把人推上高於其他生物的位置，用盡其他生物來撐起人的生活，這個叫「分別心」，把人與其他生物分作兩邊，「環保」只顧自己，其他生物的死活就不重視了，以這樣的「分別心」去處理人與自然的關係是必輸的，而且現在已經見到必輸的結果。我鼓吹以慈悲心去看這個世界，視所有眾生如自己的兄弟姐妹，對我們好的兄弟姐妹加以愛惜，傷害我們的兄弟姐妹則敬而遠之，以「敬」與「愛」處理好和兄弟姐妹的關係，不要自大狂妄、胡亂行事，令自然紛亂失衡。我們用慈悲心去敬愛天地眾生，才能最低限度地保障人類在未來能夠持續生存多二百至三百年，這樣才有條件談可持續發展。

　　天文學告訴我們，太陽逐漸膨脹變大，一百億年後會吞噬地球，到時人類定必滅亡。不過一百億年太久了，不必想得那麼長遠，讓我們先思考怎樣才能保障幾百年後人類仍然存在世上，而答案是：以慈悲心敬愛天地、保

護環境。這個「環境」是「生態」意義的環境。我們以後別再說「環保」了，應該說「保環」。最後考考大家，香港哪個政府部門負責保護環境？答案不是環境保護署，是漁農自然護理署，他們負責護理自然！大家記住，我們不要自私的「環保」，應該用整全的心態去看待世界、愛護自然。講「保環」，人類才能繼續走下去。

精華片段回顧

校園環保的可持續發展

張昌明校長（下稱：張）

聖公會何澤芸小學校長。

朱國強校長（下稱：朱）

打鼓嶺嶺英公立學校校長。

張：今天的題目是校園環保的可持續發展。我們經常提到可持續發展，其實
甚麼是可持續發展呢？我在 2000 年仍是常識科科主任時，已帶領全校
學生進行一系列的環保教育活動。印象最深刻的一次，莫過於當年九廣
鐵路計劃興建貫穿塱原濕地的落馬洲鐵路支線。由於塱原濕地是香港極
為稀有的大面積淡水濕地，不少瀕危物種均於此生活及覓食，一旦鐵路
落成，便意味着牠們的家園會永久消失。同學在老師帶領及作出明確分
析後，便展開了長達數月的「抗爭」，包括向時任特首董建華先生及時
任九廣鐵路行政總裁楊啟彥先生遞上全校師生簽署的請願信，以及呈上
學生將自己代入雀鳥所寫下的心聲。最終，九廣鐵路改變初衷，改以隧
道方式連接上水站及落馬洲站，即現時的安排。當全校同學聽畢工程最
新定案的新聞報道後，無一不歡呼拍掌，像打了場勝仗般興奮。姑勿
論學生在這次「抗爭」中的影響有多少，但同學的投入參與足以令他們
上了一節寶貴的環保課。可持續發展的理念，就是訓練學生有「昨為今
天，今為明天」的高尚情操——今天所享受的事物，不會令我們的子孫
受到影響；今天我們所做的事，也不需要我們的子孫來承擔後果，這便
是可持續發展的精神。

正如上半場林超英先生所說，我們的壽命延長了，到了晚年之際，還得

要承受前人沒有好好保護環境的後果，實在值得學界好好反思，重新構思保護環境的新方向。當我在 2004 年擔任生活教育主任時，便發展了一項為期四年多的「小太陽發電站」計劃。計劃背後有一段小故事，足以提升學生的投入度，讓老師與學生積極探討，一起以環保建設及理念尋找解難的方法，從而成就另一個可持續發展的故事。當時學校有一處叫天井的地方，是前座校舍與聖堂之間的露天活動場地。關愛學生的神父希望學生在天井活動時不會受天雨影響，於是建造了玻璃上蓋。玻璃上蓋是透明的，可以透光，卻窒礙了空氣流通。在烈日當空之下，更形成了溫室效應，令天井溫度上升了 2 至 3 度。

張：既然玻璃上蓋已建好，不能拆卸，於是我便跟學生討論可行的解難方案。適逢 2003 年起，中華電力推出「可再生能源基金」、「創新能源基金」等計劃，當時我為學校撰寫計劃書，成功獲中華電力批出三期資助，發展了「能源顯再生 —— 小太陽發電站」第一期、第二期及第三期，不斷建構學生的創意思維，持續發展，持續解難，更持續創造奇跡。

第一期的工程主要是安裝太陽能光伏板（Photovoltaic Panels），以及相關的配置，包括控制器（Controller）、逆變器（Inverter）及深循環電池（Deep-cycle Batteries）等，令系統運作良好和持久。環保教育工作者的其中一個使命是要令一切浪費減至最少，避免機件提早損耗，繼而被丟到堆填區。第一期計劃產出的太陽能電力，能推動三部新安裝的風扇，形成了一個降溫系統，有效令天井溫度降低 1 至 2 度。風扇會優先採用太陽能電力，若有剩餘電力，就會儲存在深循環電池內；若有不足，便會自動轉用市電（中華電力），讓風扇能持久運作。

由於電力是很抽象的東西，為了令電力變得視像化，校方安裝了太陽能系統控制儀（Solar Control Cabinet），將電力轉變為數字及燈號。小朋友看到橙色燈號沒有亮起，便知道太陽能用完了，繼而探究為何會沒

有太陽能呢？是否跟下雨沒有陽光有關？從而激活學生的思維，多想一些與自己有切身關係的事，並養成懷疑及求證的精神。環保大使需要接受訓練及每天記錄能源量的變化，過程中讓他們感受電力的運作與產生過程，養成節約用電的習慣。

第二期計劃主要是增加太陽能光伏板的數目，讓發電量達至 1 千瓦。其實現今的太陽能光伏板已經有很多款式及顏色，甚至可以捲曲等。太陽能光伏板增加了，產電量也多了，校方便將風扇的數目由三部增至五部，希望能提升空氣流動的效能。不單如此，我們也在天井安裝了一把強力抽氣扇，並在天井的最高位及最低位設置了電子感應器，兩處探測到的溫差差異，決定了強力抽氣扇的運行速度，確保新鮮的空氣能夠源源不絕地輸入天井；另一方面，校方除了在環保天井安裝了太陽能時計外，也在環保走廊安裝了以太陽能電力推動的 T5 光管，更在校門外設立太陽能電子顯示屏以發送環保訊息，增加了太陽能的視覺元素，也擴闊了太陽能的應用範圍。

第三期計劃加入了更多太陽能的應用元素，包括以太陽能電力推動的灌溉系統及熱水器，以及有機耕種、天台花園、校園氣象站等。計劃歡迎校內外不同年齡的人士參觀，校方亦會培訓環保小先鋒有關帶領參觀時的解說技巧。由於在解說時需要講求高度的準確性，所以他們都很認真學習。當傳媒記者到校採訪時，環保小先鋒便施展渾身解數，滿有自信地接受訪問，展覽期間亦能夠清楚、順暢地回答參觀者提出的問題。當時很多報章均有興趣報道我們的計劃，介紹我們在深水埗的校舍，因為我們在四周被高樓大廈包圍的情況下，仍可以成功推行可再生能源教育。上半場林先生提到，我們現在普遍使用的是化石能源。可再生能源是另一種很好的資源讓我們使用，因為可再生能源有不同特點，包括乾淨、用之不竭及可循環再用等，所以我們應多用可再生能源，減少使用化石能源。如果大家記得，在十多年前有一個名為「無冷氣日」的活動，是我們學校與「自然足印」由 2004 年 6 月 1 日第一屆開始便一起合

辦，啟動禮更得到了當時不少傳媒探訪及報道。

張：我於 2008 年轉到天水圍一所小學擔任校長，中華電力的撥款計劃雖已完結，我卻成功為學校申請了香港電燈和環境及自然保育基金各三期的撥款資助。當時總計劃有四個項目，因着當時天水圍有「悲情城市」之稱，於是我便跟老師及學生一起構思如何應對當下社區的困難。第一個項目名為「處處有出路 —— 節能體驗積極人生計劃」，由環保電力推動全校的「出路燈」，希望任何有困難的人士在看到「出路燈」後，便覺人生總會有出路，重燃人生的價值及希望。

第二個項目是設立「可持續能源環保教室」。當時學校真的需要一個護衛亭，於是老師便跟學生一起探討將護衛亭加入環保元素的可能性。「可持續能源環保教室」的英文名稱是 Sustainable Energy Eco Demo（SEED），顧名思義，是可持續能源的可行示範方案，SEED 更有種子的意思，希望環保的種子能在學生心中茁壯地成長，並期望有豐碩的收成。一直以來，消耗能源最多的範疇是空調與照明，所以在「可持續能源環保教室」內，便利用可再生能源減少上述兩個範疇的能源消耗。教室位置集天時地利與人和，天時是風量大，可推動風車，地利是家長、師生及途人每天必經之處，人和是可促進人際關係，配合教育及工作上的需要。此外，「可持續能源環保教室」還有陽光導管燈、校園氣象站及自動灑水降溫系統，室內不需要安裝光管及空調。而系統讀數儀的設立，可讓學生知道當時的造電效果及使用情況。

第三個項目是「葉小環保廣場暨綠色交通安全城」（Green Park for Road Safety，簡稱 GPRS），這也是一個可持續發展的故事。GPRS 所在的位置，起初只是停車場的延伸部分，因地面較為粗糙，令學生跌倒後受傷的機會大增，加上當時康文署的交通安全城位於屯門，幼稚園學生乘車由天水圍出發，未到目的地已感不適，於是我便有設立交通安全城的念頭，讓幼稚園學生參觀，還要加入環保及 VR

（Virtual Reality，虛擬實境）。可幸獲管理公司協助為地面重新鋪設優質的物料，並繪上行車線及斑馬線，校方亦添置了交通燈及太陽能車，幼稚園學生玩得非常投入，校內學生更擔任小導師，協助老師教導幼稚園學生駕駛及橫過馬路的正確方法，後來甚至加入了 VR 元素，幼稚園學生不用親臨現場，亦可以透過 VR 參觀交通安全城及進行相關的活動。

第四個項目是「綠色資源的環保教育網絡」，重點不是設施，而是教導幼稚園學生、家長及老師保環（保護環境）的方法。據林超英先生所說，保環（不是環保）才是正確的說法。簡單來說，保護環境不單是知識，也是一種行為，甚至是一種習慣。我一直希望能用故事來帶出主題，針對現況解決當下的困難，希望開拓嶄新的教育源頭，與家長、老師朝一致方向，從小培養學生養成良好的保環常規，同時相信保環的教育效益一定會高於經濟效益。透過高度展示，讓學生易於吸收，並透過跨學科活動，將保環概念滲透在不同學科裏。其實，學生在養成保環習慣的過程中仍存有不少障礙，包括無助、漠不關心，覺得與自己無關，又或者低估實況，覺得自己微不足道、影響不大，以及善忘，學習後便很容易忘記。我推動保環的目標，便是朝擊退這些障礙出發。我與一羣志同道合的朋友設立了一個名為「綠色希望」（Green Hope）的保環組織，信念包括：

一、　從小建立學生的保環概念；
二、　透過正規及非正規課程，讓學生養成保環的習慣；
三、　家校攜手推動保環教育工作；
四、　讓學生熱愛生命，不會沾染惡習，並與身邊的人與物保持和諧的雙向關係，過着健康豐盛的積極人生；
五、　保環就是生活，生活就是保環。

願共勉之！

朱：今日題目是校園環保的可持續發展，我們學校位於新界北區打鼓嶺，相信大家時常聽到新聞提起打鼓嶺這個天氣極端的地方。打鼓嶺在 2016 年之前是一個禁區，多年來都甚少人前來，因此這區沒有太多城市化建設，亦得以保留了一些很好的生態環境，生物多樣性亦非常豐富。我校處於這得天獨厚的環境，於是便推行了很多綠化活動及校園特色設計。

今次我們會先介紹兩個本校的重點項目。第一項計劃是「嶺英森林學校」計劃，當年本校共獲得環保基金撥款五十九萬。這項計劃共有四個目標：第一項目標為提高及調查校內外生物多樣性。為了提高校內的生物多樣性，我們在學校新增了三個建設。第一個建設是校內人工生態河，生態河位於學校正中央，河裏有許多不同的物種棲息，學生經常來這裏觀賞動植物，藉此培養愛護大自然及尊重生命的情操；第二及第三個建設為蝴蝶園及肉質植物園，使校內的蝴蝶、昆蟲及植物的種類更為豐富。學生可以經常在校內觀看到不同的昆蟲及鳥類，彷彿每天置身於大自然之中，有助舒緩身心壓力。除了調劑身心外，學生亦能從中學習到新知識。學校成立了博物調查隊，讓學生學習如何透過追蹤、觀察、分類、攝錄、查圖鑒、寫自然日誌等形式記錄及收集物種的數據。此外，學校還背靠一片廣大的森林，我們稱為「後山」。後山有很多動物，博物調查隊隊員更安裝了紅外線夜視攝錄機拍攝山上的動物，每當晚上有動物經過便會自動錄影。學生在校園及後山發現了不少昆蟲、鳥類及稀有動物，其後便會把物種的資料記錄在「嶺英生物圖鑒」。

「嶺英森林學校」計劃的第二項目標是推展生物多樣性教育，讓校內外人士學習和珍惜生物多樣性。除了校內活動，學校也舉辦了不少活動讓校外人士或師生過來參觀，如講座及校園歷奇活動。為了讓更多人成為生物學愛好者，我們亦與校外人士分享「嶺英生物圖鑒」，讓校外人士都能了解打鼓嶺的生物多樣性。同時，我們亦舉辦了聯校昆蟲調查攝影比賽，當時亦有很多學校前來參加。於 2019 年，我校更參加了一項全球性年度物種記錄比賽，當天嶺英成為物種調查比賽「基地」之一，短

短四小時的嶺英物種調查活動，便發現了 147 個物種，可見我校生物多樣性之高。相信這些以生態探索作為切入點的體驗式教育活動，能夠加深校內外人士對生物多樣性的認識及興趣，從而推動生物多樣性教育。

第三個目標是向教育界同工示範和分享如何利用校園周邊環境及民俗資源進行戶外教學。本校老師精心設計了兩條歷奇路線，一條是民俗歷奇，到訪附近村落去了解民俗及學習生態知識；另一條是校園歷奇，我們會培訓學生成為講解員，為到訪嘉賓介紹學校的歷史背景及生態景點等。老師亦會向到訪的教育界同工分享設計歷奇路線的心得。

第四個目標是設立顧問服務。有數間來本校參加過歷奇活動的友校亦十分有興趣發展類似活動，於是我們派老師去指導他們，利用他們學校自身的民俗和自然環境資源，量身訂做這類活動。

第二個環保計劃是「生化淨水系統」。淨水系統的建造源於 2016 年新校舍落成後，校舍污水排放系統設計不太理想。學校位處偏遠地區，附近沒有大渠，學校每日產生的污水無法排去大渠，結果要用地底儲水缸儲存，再定期由吸糞車吸走污水，這樣固然浪費資源，每年要花費十多萬支付吸糞服務之外，亦十分不環保。我們的校監是一位工程師，他利用了自己的專業知識撰寫了一份在校內設計一套「生化淨水系統」的計劃書，成功向賽馬會申請獲得二百九十餘萬撥款，興建了一個「生化淨水系統」。

這個系統的原理是將學校的污水進行三級處理，加上利用蚯蚓來淨化污水，讓污水可以循環再用。我們估計學校每人每日會製造 15 升污水，當中包括洗手、飲用水、沖廁水等。現時全校師生加上工友大約有 450人，每日產生污水的總量便達到約 7000 升之多。學校在沒有這套系統之前，每日所產生的污水會流入儲水缸，然後定期由吸糞車來吸走污水，當中產生了很多碳排放，不利於環境。我們使用了這個系統之後，

污水，包括廁所內產生的污水便可以循環再用，檢測後也符合排放標準。當然，處理後的水也不適合飲用，但可以用來灌溉及沖廁。同時，系統內的蚯蚓能夠產生有機肥料，學校用蚯蚓肥種植的植物都生長得特別健康。整個系統的耗電量很低，當中的用電大多是用風能和太陽能。

朱：此外，為了推動生態教育，學校會為學生設計多元化的學習活動，例如午間環保活動及親子歷奇活動，也將生態教育融入正規課程中，例如小四學生學習種米，最終每人的收成雖然只有很少量，全班只有一碗飯的分量，但同學都非常珍惜這次的體驗活動，學會「粒粒皆辛苦」的道理。本校亦有很多對外的推廣活動，例如向訪客介紹淨水系統及背後理念，舉辦多次教師專業發展活動等。學校基本上已變成了一個生態教育基地，過去幾年我們接待了來自香港和國內的多間中、小、幼學校教師前來進行教師發展日，其他類型的活動包括歷奇、日營、夜晚觀星、觀鳥、野外定向、野外求生技能以及生命教育相關的體驗活動等。很多時候，幼稚園親子前來參觀或參與體驗活動後，都加入了我們學校的大家庭，成為了我校的一分子。

精華片段回顧

為甚麼要學數學
—— 每一個人都要學「加減乘除」以外的數學嗎？

梁貫成教授 BBS

香港大學講座教授，健泰基金教授（數學教育），國際數學教育
委員會（ICMI）主席。

　　我的講題是「為甚麼要學數學」，但是為甚麼講題還要加一句「每一個人都要學『加減乘除』以外的數學嗎」？主要是因為當談到學數學時，有人會說「加減乘除」是我們日常生活都會用到的，所以我們要學數學。但問題是除了「加減乘除」外，為甚麼還要學代數、幾何這些數學呢？基本上，今日的題目，是關乎到數學科在整個學校課程的重要性。我是數學人，當然覺得數學重要，所謂「賣花讚花香」。但其實數學真的這麼重要嗎？我知道以前這論壇都有邀請過一些講者談關於藝術教育、歷史教育的重要。藝術教育與歷史教育都很重要，不是只有數學才重要。我當然覺得數學很重要，但數學不是一切，學校裏面很多學科的元素都很重要。所以我經常跟老師說：「如果你是一個很有魅力的老師，你令你的學生很喜歡數學，將所有時間精力都放在數學上的話，我會覺得這是個很失敗的數學老師，一個好的數學老師應該讓學生有整全的學習。」

　　這裏仍然有一個問題，為甚麼差不多在所有國家，數學都是一門必修課程呢？必修的意思是無論你將來做甚麼職業，或者你有甚麼興趣都好，你都要學某程度的數學。為甚麼數學這樣重要呢？究竟為何不是有興趣才去讀數學？大家都知道很多學生對數學都沒有興趣，我們是否應該只讓有興趣的學生修讀數學，沒有興趣的便不需要修讀呢？例如很多人學數學都覺得

最困難的就是數學證明,究竟是否所有學生都要學數學證明呢?為甚麼要學「加減乘除」大家當然知道,但是否所有學生都需要學「加減乘除」以外的數學呢?

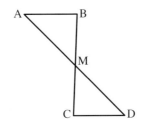

看一看上圖,現在要你去證明 AB 線和 CD 線是平行的。其實看圖就已經知道 AB 和 CD 是平行的,為甚麼還要證明呢?兩條線段要麼就是平行,要麼就是不平行,為甚麼要花時間證明它們是平行呢?我們為甚麼要學幾何呢?可能大家都聽過這首打油詩:「人生在世有幾何,何必苦苦學幾何?學了幾何能幾何,不學幾何又幾何?」

或者你說自己不是功利的人,人應該追求真理。但證明了的命題就一定真確嗎?是真理嗎?舉一個哲學性的問題,這個世界是否有上帝存在呢?我說上帝是存在的,讓我來證明這個世界是有上帝。證明就是這樣:

上帝存在的證明

> 1. 此格內只有一個命題是對的
> 2. 上帝不存在

上帝不存在的證明

> 1. 此格內只有一個命題是對的
> 2. 上帝存在

關於 X 的命題

> 1. 此格內只有一個命題是對的
> 2. 關於 X 的命題

前面第一個方格的第一個命題說「此格內只有一個命題是對的」，第二個命題說「上帝不存在」。如果第一個命題是對的，第二個命題「上帝不存在」便是錯的，所以上帝就是存在的；如果第一個命題是錯的，即「此格內只有一個命題是對的」是錯的，那麼第二個命題都是錯的。無論第一個命題是對或錯，第二個命題都是錯的，所以上帝是存在的。

如果你是有神論主義者可能會很開心，終於用數學證明了上帝存在。不過，別開心得太早，因為我們用同樣方法也可以證明上帝是不存在的，只要簡單的將第二個命題改為「上帝存在」（見第二個方格）。所以用這個方法，任何命題都可以證明是對或錯（見第三個方格）。

大家可能會感到疑惑：為甚麼證明了也不能確定對或錯？問題是，數學不在於證明上帝是否存在，它是一種思考的方法。我們借用這個例子去跟學生玩或比喻，目的不是向學生說明上帝是否存在，而是通過這個思考過程令他們的思維更嚴謹。

數學可以定義為探究「量」及「形」和它們的規律及關係的學科。「量」就是有多少，即數量；「形」就是形狀，三角形、正方形等等。不單只探討「量」及「形」，還探討它們的規律和它們之間的關係。但最重要是甚麼呢？其實數學是關於準確、精密的思考和表達，思考清晰之外，還需要清楚表達。所以數學不單只是計算，計算是數學的一部分，但不是數學的全部。有人會問數學究竟是結果還是過程呢？說是結果的，就是說數學是加減乘除、代數、幾何、統計等內容；說是過程的，就是認為數學最重要的是處理這些內容的方法或過程，例如解題、證明、推理等等。

講到這裏，相信大家都知道我很強調學數學的過程。從某一角度來說，有些數學內容不去學習也無所謂，但如果在學習這些內容期間，你沒有掌握學數學最精髓的過程，這就是大問題了。數學是既抽象又嚴謹的，這是數學的特質。我們不單只講具體的事情，例如教幼稚園或者小一學生數學，我們說：「這邊有兩個蘋果，那邊有三個蘋果，合共有幾多個蘋果？」五個蘋果就對了。「這邊有兩枝鉛筆，那邊有三枝鉛筆，合共有幾多枝鉛筆？」五枝鉛筆就對了。如果學生回家後，媽媽問他數學堂學了甚麼？他告訴媽媽「我學了蘋果和鉛筆」，這就出問題了。因為數學不是教蘋果、鉛筆，我們是借用蘋果或鉛筆，說明事物都有一個抽象的性質，就是兩樣相同的物件，加上三樣相同的物件，等於五樣相同的物件，這才是數學的特質。當然，在教學過程中不應該太抽象，我們應該從具體到抽象思維；表達數學的時候，也不應該由嚴謹的數學語言開始，但最終數學要達到的是抽象的、嚴謹的思維。所以你看看全世界，很多課程提及學習數學的目的，都必定包括思維訓練。我覺得學數學有甚麼用途呢？就是去幫助學生了解這個世界，幫助學生在這個世界生活得更好，幫助學生去推動世界的發展。

我知道在座有很多前線老師、校長，為何我們要探討「為甚麼要學數學」、「數學是甚麼」這些問題？因為我覺得這些問題非常重要。如果你是前線老師，你要清楚知道為甚麼我們要教數學。在教學的時候，你的重點要清楚，如果你錯誤地以為數學就是計算，你就只懂教學生計算，沒有掌握到數學最重要的特質。所以「為甚麼要學數學」這個問題，與前線老師在教學時的着重點有密切關係。你一定要了解數學是甚麼、數學有甚麼用途、我們為甚麼需要學數學。對校長、科主任都一樣，當你去設計學校課程時，數學是必修科，但究竟數學課程的重點應該是甚麼呢？這些聽起來似乎很哲學性的問題，不論對前線老師，或對學校行政人員來說，都是非常重要的。

有些國家的課程提到，要欣賞數學的美。大自然充滿數學，例如向日葵，原來裏面一粒粒的種子，每一環的數目，都是 Fibonacci sequence 裏面的一個數字，你不會找到有四粒、六粒、七粒種子，這是很神奇的。有

人會覺得那又如何？我們是否一定要懂數學才能欣賞大自然的美？有人提到不單只是「美」，數學也很有用。其實數學是否真的很有用呢？剛開始時講過，加減乘除、統計當然有用，但代數、幾何有甚麼用呢？你有沒有試過在日常生活裏用一元二次方程去解決問題呢？我問過很多人都說，除了在課堂或考試之外都沒有用過一元二次方程。如果沒用過，我們為甚麼要學一元二次方程呢？

再者，現今科技發達，很多簡單的數學如加減乘除，甚至代數題目，只要用手機應用程式，就已經找到答案。這一點很值得老師、校長們來思考，既然電腦可以做到這麼多，我們究竟應該教學生甚麼呢？還需要在課堂上做計算操練嗎？我們怎麼操練都不及手機應用程式快而準。當然，我知道操練是為了考試，但作為教育工作者，我們應該有教育理想，要幫學生考到好成績，令他們有好的前途。我們教他們數學，除了教懂他們計算繁複的算式外，也要思考一下究竟我們想學生學些甚麼呢？

現在教育局很着重數學在日常生活的應用。雖然如前面所說，數學不單只是應用，不過今日先討論數學應用上一個大家較關心的問題：新冠肺炎。

大家都知道，張竹君醫生提到評估疫情不要只看單日的確診數字，要看整個平均趨勢。數學上有移動平均線的概念，英文稱為 moving average。如果只觀察一日，有時會受很多個別因素影響。剛才聽到個壞消息，有一間學校爆發了疫情，學校有很多人確診，一件事就影響了當天的確診數字，所以一天的數字很不穩定。如果不看一日，可以看三日的平均數，那麼看三日、七日、十日，還是一個月好呢？這個問題也可以與學生探討，只有一日就沒有平均，三日又會否受某一天確診數字突然間上升或下降而影響呢？但如果太長，一個月的話，又無法觀察到趨勢。所以我們教學生不是只教如何找平均數，而是面對一個真實的情況時，例如我們要知道香港新冠肺炎上升或下降的趨勢，究竟用多少天的平均線最適合呢？

另外，我們經常聽到假陽性、假陰性。甚麼是假陽性呢？就是他沒有確診卻說他有確診，假陰性就是他有確診卻說他沒有確診。在測試方面，假陰性和假陽性哪個比較危險呢？當然是假陰性較危險，因為他確診新冠肺炎卻驗不到。但假陽性同樣很危險，有人假陽性本應沒事，但硬要將他們送入竹篙灣隔離，如果在竹篙灣染疫了怎麼辦？到底假陽性的機率有多高？假陰性的機率又有多高？其實思考方式就是統計學所說的型一和型二錯誤（type-1 error, type-2 error）。所謂 type-1 error，就是假陽性，他明明沒有卻說他有；type-2 error，就是假陰性。

		真實情況	
		H$_0$（虛無假說）為真	H$_1$（對立假說）為真
根據研究結果的判斷	拒絕 H$_0$	錯誤判斷 （偽陽性 false positive、型一錯誤 type-1 error） 發生機率 α（顯著水準）	正確判斷 發生機率 1-β（檢定力）
	不拒絕 H$_0$	正確判斷 發生機率 1-α	錯誤判斷 （偽陰性 false negative、型二錯誤 type-2 error） 發生機率 β

很多時候，女性驗孕都會出現這個問題，假陽性即是說，你沒有懷孕卻說你懷孕；假陰性就是你有懷孕卻說你沒有懷孕。這亦可以討論哪一樣後果較為嚴重、率是多少。

提到新冠肺炎，就要說一下疫苗。在討論到疫苗的效能時，聽到一些數字會覺得很奇怪，例如世衞提到效能超過 50% 的疫苗就可以用。有沒有搞錯？即有 100 人接種後當中有 50 人確診還可以用嗎？這是對效能完全錯誤的理解。

$$疫苗效能 = \left[1 - \frac{\left(\dfrac{接種疫苗後確診人數}{接種疫苗人數} \right)}{\left(\dfrac{接種安慰劑後確診人數}{接種安慰劑人數} \right)} \right] \times 100\%$$

例：輝瑞藥廠雙盲研究

4,366 參加者（假設一半接種疫苗，一半接種安慰劑）

三個月後，在確診的人中，其中 162 人接種安慰劑，8 人接種疫苗。

$$\left(1 - \frac{\dfrac{8}{2183}}{\dfrac{162}{2183}} \right) \times 100\% = 95\%$$

$$\left(1 - \frac{8}{162} \right) \times 100\% = 95\%$$

　　從上面的公式大家可以見到，首先看方括號裏面的分子，就是接種了疫苗的人數及確診人數的比例，意思是說，無論疫苗有多好，原來接種了疫苗都會確診。分母是甚麼呢？就是沒有接種疫苗、只接種安慰劑的人數對比確診的人數。這兩個分數的比例是甚麼呢？就是你接種與否的差異有多大。這兩個分數，接種與不接種，究竟分子越大還是越小會比較好呢？當然是越小越好，因為接種後的確診人數很少。用 1 減去這個數，就是疫苗的效能。用小數來表達較難理解，所以乘以100%。當我們提到輝瑞藥廠（即復必泰）的效能有95%，那是怎樣計算出來的呢？他們在做試驗時，是用雙盲試驗，即是參加者不知道自己接種的是真疫苗還是安慰劑。當時約有4300多人去接種，一半接種疫苗，一半接種安慰劑，之後觀察三個月。三個月後，這 4000 多人，有 170 人確診，而在確診的人當中，原來有 8 個人是接種了疫苗，這說明了甚麼呢？就是接種了疫苗的都別鬆懈，因為接種了疫苗都會確診，不過機會較少，只有 8 個人。接種安慰劑的有 2000 多人，有 162 人確診，所以我們套入公式，就會得到95%。所以，不是說 100 人當

中有 5 個人染疫，有 95 個沒有染疫，而是用接種了疫苗和沒有接種疫苗後染疫的人數比例，來計算它的有效性。

有人不願意接種疫苗，說因為接種後會有副作用。我們要先比較一下利弊，作出一些假設，這些假設都是從世界各國的數字而來的，大概是：如果 1 萬人不接種，1 萬人裏面會有 74 人確診，即是會「中招」。死亡率不算高，為 0.013%。我們假設輝瑞的效能是 95%，並假設全香港人打復必泰，即輝瑞，是否代表三個月之內就會有 35 萬人確診呢（這 35 萬人就是 700 萬人的那 5%）？當然不是，否則就不用接種疫苗了，這是錯的概念。正確的概念是怎樣的呢？就是假如全香港人都不接種疫苗，估計會有 5 萬多人確診，因為將 700 萬乘 0.74%；但如果全香港人都接種復必泰疫苗，雖然效能有 95%，但都會有人「中招」，那麼全香港「中招」人數估計會有 2590 人，即是說在三個月之內接種疫苗的保護率有 99.96%，而不是 95%。

為甚麼要講這些呢？其實，教數學就是這樣，在疫情的時候，對可以理解百分比的學生來說，我們要從一個科學角度、數學角度去作決定，你看到接種和不接種疫苗後確診的人數差異是那麼大。但有人在接種後會出現面癱，甚至死亡，後果真的很嚴重，所以在決定接種疫苗與否前，我們可以先參考一下數據。美國是最早接種疫苗的國家，第一個月接種了 13794904 劑復必泰。在這羣人裏面，有 640 人出現嚴重副作用，當中有 113 人死亡（其中 8 人是住在老人院的），當然，專家說死亡人數未必與疫苗有直接關係。先假設這些死亡是與疫苗有關，死亡率都只是 0.00082%，即是接種了疫苗有機會出現嚴重副作用，甚至死亡，但是機率很低，這樣推算的話，應用美國的參考數據，如果全香港 700 萬人都接種復必泰的話，估計會有 57 人死亡（其中 4 人是住在老人院的）；但是，如果全香港市民都不接種疫苗，就會有 910 人死亡，數字相差很遠。

以上說明了數學的應用。退一萬步來說，就算數學真的沒有用，是否就不應該學習數學？是否有用的東西才去學習呢？校長論壇早前有個主題

是「藝術教育」，藝術教育當然很重要，但以前有位名人曾提到，藝術、體育、運動是沒有用的，這個可能與中國人的實用主義有關。中國人習慣了講「有用」，但在教育理念來說，其實不是即時有用的才去學習。數學的所謂應用，不是說你今天在課堂學到的知識，放學後去超級市場購物就即時用一元二次方程去決定買甚麼，或者找續多少錢，而是你透過數學的學習過程，掌握了數學的思維方式。數學最重要的是教導我們數學化的思維方式，其中最主要是抽象的思維。

抽象的思維很重要，因為這個世界那麼多元、那麼多樣化，如果所有事情都要具體地考慮，我們就無法處理那麼多事情。數學就是教導我們，將物質、事物最精髓、抽象的地方抽出來，因此我們學到抽象的思維，就可以去解決很多具體的問題。當然，除了抽象思維之外，有時亦常聽到有人提及概率思維（Probabilistic Thinking），或者數碼思維（Digital Thinking）。這些思維方式也很重要。甚麼是 probabilistic thinking？就是概率，就是一件事發生的百分率是多少。剛才講到新冠肺炎的數字，都是一種概率思維，當我提到確診率是百分之零點幾的時候，例如 0.03%，不是說 1 萬人當中一定有 3 個人確診，只是可能有 3 個。這個概率思維很重要，但這比較難掌握。我記得以前母親都時常問我，當天文台說明天下雨概率有 65%，她就會問是否代表會下雨呢？甚麼是 65% 呢？65% 大過 50% 代表會下雨嗎？其實不是這樣，因為我們的思維不是單一的一種確定性的思維，這個概率思維會影響我們的決定，正如剛才講過的是否接種疫苗，或者死亡率，全部都是一種概率思維。上面提及的數碼思維也很重要，因為現在是數碼世界，但不論概率思維，或是數碼思維，重心仍然是一種嚴謹的思維和表達。當說可能性是有百分之零點幾時，這個所謂「可能性」並不是隨隨便便的意思，仍然是非常嚴謹思維和表達。所以，有些人說數學是準確、精密的思維與表達。

數學證明涉及推理，我先講解一下證明。在以下證明中提到 M 是 AD 和 BC 的中點，我們要證明 AB 和 CD 是平行的。看一看圖形右邊的證明，

AM 等於 DM，為甚麼呢？因為 M 是中點，AM 就等於 DM。為甚麼 M 是中點？假設我說我不同意 M 是中點，但其實我們不能不同意，因為這是設定，英文是 given。推理就是要有一個大家同意的設定，之後再一步一步推論落去。（論證步驟詳見下圖）

Given M is the midpoint of AD and BC. Prove that: AB // CD.

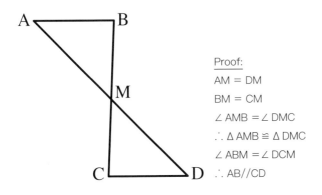

讓我再舉一些推理的例子，例如「媽媽是女人。」就是說所有媽媽都是女人，如果你是媽媽，你就是女人。看一看另一個推論是否正確，如果媽媽是女人，那麼所有女人都是媽媽嗎？又例如因為我媽媽是女人，而 Cherry 是女人，所以 Cherry 就是我媽媽，這推論是否正確呢？當然不正確。

時常有人說學數學要很有天分，沒有天分的人能學數學嗎？有人說自己是「數盲」，世界上有「數盲」嗎？誰是有數學天分的人呢？你會說成績好的就是有天分，但怎樣才會成績好？就是他有數學天分，他的成績便會好，所以學好數學的人就有數學天分。這句話，英文叫 tautology，即 a 是 a，b 是 b，是同義反覆的一句說話，假設了一件事又要證明那件事。有很多人在日常生活用同義反覆的方法去說明一件事，數學訓練就是讓我們知道背後的謬論。

我做一個總結，為甚麼要學數學呢？其實數學在日常生活中的確有用，去超級市場購物找續少了都會知道。再看一看新冠肺炎的「中招」率是多少？或者疫苗的副作用是多少？如果你掌握了這些數據，你又同意其背後的假設的話，數學是可以幫助你思考的。不過，我覺得數學的應用不是學數學最重要的原因，數學最重要的是教導我們思考的方法，在解決問題時如何作決定，這才是數學最有用的地方。當然，數學也是人類智慧的結晶，所以數學在全世界所有教育系統中，都是一個必修課程。另外，作為老師，作為校長，我們不只是將它放入課程內，而是要教導學生學好數學，以數學化的思維方式思考。多謝大家！

精華片段回顧

活的數學
—— 數學不只是計算

鄧志鵬校長 (下稱：鄧)

聖公會青衣主恩小學校長、聖公會小學校長會主席、聖公會小學
數學奧林匹克比賽委員會主席。曾任教育局課程發展處科目委員
會 (數學科) 主席、行政長官卓越教學獎 (數學科) 評審委員。

周瑞忠校長 (下稱：周)

聖公會小學數學奧林匹克比賽委員會顧問、香港華羅庚金杯少年
數學邀請賽委員。曾任聖公會聖安德烈小學校長、聖公會小學校
長會主席、聖公會小學校長協會副主席、聖公會小學數學奧林匹克
比賽委員會主席。

鄧：今天的主題是「活的數學 —— 數學不只是計算」，今天我們會有四個
重點與大家分享，第一個重點是「活用開放題」，第二個是「活用解難
題」，第三個是「活用生活題」，第四個是「活學思說寫」。

我先向大家介紹甚麼是「活用開放題」，在介紹前想先與大家玩一個遊
戲。這個遊戲，我每年小息都會去一年級的課室與學生玩。我進課室
後會先問學生一個問題：「你們的數學厲害嗎？」他們即時的反應是：
「很厲害的。」原來低年級的同學，他們很有自信，對數學很有信心。
接着我會問另一個問題：「想不想挑戰一下你們的腦筋？」他們總是熱
烈地回應：「想！」他們樂於接受挑戰，所以還沒玩就興奮起來。究竟
這個遊戲是怎樣的呢？就是「？＋？=10」。題目一出，他們的反應又
怎樣呢？大家能想像到嗎？每個都爭相舉手回答，為甚麼呢？因為題目
簡單，而同學又可以想到很多不同的答案，於是他們很想將全部答案都

說出來。但別小覷這條題目，其實在他們的回答過程中，進行了很多「合十」的計算。如果你告訴他們，下次校會再來跟大家玩，今次先派給他們一份「合十組合」的祕笈回家熟讀，不用強迫他們，他們都可以給你背熟「合十」的組合。這一類題目有很多變化，我試舉另一個例子——「a + a + b = 20」。別以為他們沒學過代數就不懂處理這種問題，他們在遊戲當中，腦筋會轉得特別快、特別靈巧。他們會告訴我這兩個 a 是代表相同的一個數目，b 就代表另一個數目，他們很快便想到一些組合。

如果我們能夠善用這一類題目，其實可以達到三個不同層次的教學目的。第一個層次是提升趣味，可以看到學生很興奮，很開心地計算這些數學題。第二個層次是照顧差異，一題裏面可以有很多可能的答案，有些答案較容易想到，有些答案則比較難想到。例如「5 + 5 = 10」，這個是相對容易的答案，教師就可以善用這些機會，讓一些能力較弱的學生先作答，難度高的就留給較聰明的同學，這樣就可以照顧到他們的差異，亦可以幫助他們建立多一些成功感。第三個層次是探究規律，學生會很想找出所有可能的答案，但如何確保所有可能的組合都能找出來呢？就要考慮一下列寫的規律，有些學生很聰明，懂得由 1 開始加，例如「1 + 9」、「2 + 8」；有些學生更聰明，他們會由 0 開始，「0 + 10 = 10」。能推動學生積極地探究規律，正是培育學生高階思維的一個重要元素。

周：剛才鄧校長講解了很多關於開放題的特點，開放題會讓小朋友感到有趣、好玩，充滿想像空間，最重要是讓不同能力的學生都可以參與。很多時候，教師只照顧一些能力高的學生，問題越問越難，但這個概念是不對的，我們如何一步一步去推高他們的能力和思考，這才是最重要的。另外就是探究精神，慢慢去發展他們的高階思維，要記住高階思維不是一蹴即就的，是要一步一步去推高的。

鄧：要活用開放題其實都有些教師心法，而最重要的是教師要有開放的心態。首先，「不要局限在課本的題目」。我們可以自己設計一些開放的題目，亦可以運用課本的題目作變化提問，更可以鼓勵學生自擬問題。

其次，「不要局限於考試」。開放題目很少會用於考試，因為在批改上會較為困難。但我們要有一個清晰的概念，不要讓考試主導了我們的教學。教學的本質，是要透過教學的過程培育學生的思維能力。我們要有一個信念，當學生的思維能力建立得好，他們就有能力應付考試裏的封閉式題目。

除了以上兩點，教師要「鼓勵嘗試、努力追尋」。教師的角色是推動學生去思考，例如問學生：「還有其他可能的答案嗎？」鼓勵他們再去思考，多運用「差不多」、「很接近」、「加油」、「努力」等鼓勵的說話，尤其是對那些能力較弱的同學，我們要多鼓勵他們去追尋、繼續努力，他們終會想到答案的。

最後，教師要「鼓勵分享、互相欣賞」。教師要把握機會去讚賞學生，例如「嘩！這樣都給你想到！」當你說這句話，會讓學生有很強的滿足感。所以，我們可以多透過開放題去鼓勵學生，這是一些建立學習信心的機會。

周：接着和大家分享「活用解難題」。這些有挑戰性的題目都是希望激發學生的鬥心，不過要發展高階思維，教師要因應學生的能力來讓他們做解難題。我覺得最好讓他們做高一級難度的題目，讓他們可以挑戰之餘，又有機會是做得到的，這樣才可以建立他們的成功感和滿足感。如果題目太難，他們無法想到答案，那就不單沒有成功感、滿足感，還會讓他們的信心受挫。只要提高一點點難度，之後他們會覺得自己可以做更難的題目，這樣才可以提高他們的信心。

鄧：處理解難題目，都要留意一些教師心法，第一是「不怕困難，享受解難」。不要怕複雜抽象的題目，最重要及最關鍵的地方，是要讓學生「解得通、解得明」，讓學生去理解是非常重要的。如果能夠用一些圖像來解說，學生透過一些簡化的模式，配合觀察、推理來解決題目，這便是一個享受解難樂趣的過程。所以，如果我們能夠讓學生覺得辦法總比困難多，令他們培養出不怕困難、享受解難的心態，學生將來的發揮可以說是無可限量。

第二是「不要局限於單一解題方法」。其實解難題有很多方法處理，我們鼓勵學生多去分享自己的方法，有時候學生想出來的方法，可能比起原先的方法更精彩，有時候會見到學生用一些簡單的方法就可以解決題目，所以我們可以多鼓勵學生去分享。

第三是「取材要配合能力，掌握培育的價值」。剛才周校長都講得很清楚，我們要配合學生的能力去設定題目，究竟我們想在這條解難題中培育學生哪一方面的能力，我們就往哪一方面想辦法，令學生明白及掌握當中的解難技巧。

第四是「給予時間去思考，重視引導提問」。解難題是需要時間去思考的，未必是要他們即時解答。其實思考的過程，都可以是一種樂趣，所以我們要給予時間讓學生思考，他們要消化題目，然後慢慢享受思考過程，最後想出答案。而教師的角色就是在當中引導他們，可能是提供一些提示給他們，當然，如果他們能夠自己發現答案就更好了。我知道有些教師會運用 IT（Information Technology）去出解難題，例如有位教師用 Google Form 出一些解難題給學生，然後讓學生用幾天或者一個假期的時間去思考。如果學生完成了就可以透過 Google Form 交給教師。當然那個最早提交、答案又準確的，就可以給予一些獎勵。對於遲遲未能提交的學生，教師可能要給予一些提示去引導他們，甚至找些較為聰明、已經解決了問題的同學去幫那些未能解決的同學。這都是一

些引導的技巧，能培育學生的解難能力。大家了解解難題後，我們去下一個重點——「活用生活題」。

周：上半場梁教授提到了一些生活題，我也認同不是實用才是數學，不過在小學，特別是比較小的學生，如果能夠讓他們在生活上實際運用數學的話，對他們的興趣培養是有很大影響的。但我相信要有一個過渡期，由實用過渡去抽象的思維。下面有幾個例子並不是我虛構出來的，是我日常生活中見過、接觸過的事，在此與大家分享。

記得有一次我去到一間餐廳，有三個人在閒談。有一個拿着 VIP 卡，說 VIP 卡有九折，這間餐廳當然也有加一服務費，於是三個人在爭論一件事——究竟是九折之後「加一」，還是「加一」之後九折較便宜？或是不「加一」、不打九折較便宜？有一個說九折之後「加一」較便宜，另一個說「加一」之後九折較便宜，最後一個說其實沒有分別。我聽到這個問題之後，突然在想，這些問題是否很多人都會有興趣呢？於是我就問身邊的朋友，原來很多人是不知道答案的，大家都可以想一想究竟是怎樣呢？其實當你運用數學的概念，事情就會變得簡單多了。第一個情況，九折之後「加一」，就是 100 元九折即 90 元，「加一」就是 99 元；第二個情況，「加一」之後九折，100 元「加一」變 110 元，再九折即 99 元；不「加一」、不九折即原本的 100 元。當然，要留意一些餐廳會取巧，例如九折之後本應是 90 元，但「加一」就用原價去算，這是另外一回事。第一及第二個情況，九折之後「加一」，及「加一」之後九折，如果大家對數學概念熟悉的話，會發現其實是乘 90% 再乘 110%，以及乘 110% 再乘 90%，只是乘法互換，根本不會有任何的改變。不知大家有沒有想過這個問題，這是在生活上的一些分享，當然還有很多例子，或者讓鄧校長來介紹一下。

鄧：我們在日常教學裏面，亦可以引入一些生活化的活動給學生。例如生活中的計算活動：「從超市的價格牌或報紙廣告中，找一下蘋果的售價是

多少？」又如探究生活中的度量活動：「拍攝社區中有關量度的標示，如停車場入口會標示多少米的高度限制」、「用秒記錄行人過路燈的轉燈時間，又或者學校的轉堂鐘聲長度」、「看看家中『水煲』的容量是多少公升」等。此外，亦可以引入個人化的趣味教學活動，如「手掌長度是多少厘米」、「估計一下自己哪一塊指甲最接近一平方厘米」等。如果學生能夠將度量的概念連繫生活與個人，相信必定能將概念掌握得更具體及清晰。

周：我們最主要的目的，當然是提高他們的學習趣味，特別是低年級的同學，能夠讓他們增加興趣的話，相信會增加學習數學的動力。而隨着他們的年紀漸長，就正如梁教授所說，要慢慢由實用過渡到抽象的思維。

鄧：在活用生活題時，教師都有些心法要留意，第一，多搜集生活上的數學題材給學生討論及分析；第二，多鼓勵學生去觀察生活中的數學；第三，多欣賞學生在生活中實踐數學。教師可以鼓勵學生平時去超級市場幫媽媽計算購物的總數，媽媽必定會很開心。如果學生提到日常生活中運用到數學，就要讚賞他們，他們便會繼續在這方面做多一些，所以我們可以多些去搜集、鼓勵觀察及欣賞學生實踐數學。

接着講到最後一個重點，就是「活學思說寫」。有一條中一入學前香港學科測驗的題目，題目是關於一個同學的數學測驗平均分數，他總共統計了五次測驗分數，不過有兩次的測驗分數被塗污了，只知道其餘三次的測驗是 84 分、75 分及 91 分，問這位同學的數學測驗平均分會否達到 91 分？因為測驗分數被塗污了，這條題目特別之處是要學生去解釋他能否達到 91 分。聽起來也有點難度，我讓六年級的同學去做，他們大部分也寫到一些答案，今天就給大家看看其中一個是怎樣寫的。這位同學回答：「不會，因為他要有總分 91 x 5 = 455 分，而他尚欠 455 - (84 + 75 + 91) = 205 分，但滿分只是 100 分，即使他那兩次塗污的成績都是滿分，但他仍然欠 205 - 100 x 2 = 5 分，所以他不會得到平均 91

分。」這位學生解釋得清楚，也很有條理，所以，我們可以多鼓勵學生「講下數」，或者「寫下數」。將一些思考變成說話或者文字，這是一種很重要的培育方向。

除了解說、分析一些題目之外，還可以用「編故事」的方法去思考數學。例如將「7－4＋3」這算式，變成一個很具體的情景去思考——「我原本有七顆糖，吃了四顆後，哥哥再給我三顆」。對學生來說，有實質物件會讓他們更加清晰地理解加減概念，對於他們將來去理解或處理文字題的時候亦會有幫助。有一條問題，每一次高年級分數課題開始之前，我都會問學生的——「甚麼是四分之一？」原來我問這條問題時，很多學生都不懂得怎樣回答。但總有些學生懂得找些方法去想、去答，例如「一個餅分為四份，我取其中一份，這就是四分之一」，答得非常好。我隨之追問：「還有其他解釋方法嗎？」有些學生會答：「一包糖有 40 粒，我取 10 粒，那 10 粒就是佔全包糖的四分之一。」當他們掌握清楚分數的概念時，對他們日後學習分數的加減乘除是一個很好的基礎，概念也會更加清晰。

最後，想和大家分享一條很特別的題目——「一個長方形水池，長 30 米，寬 15 米，現在每小時可以注入水 300 立方米，要多少時間才可以注滿這個水池？」大家細心看一看可否回答這問題。周校長，你覺得這條問題，有甚麼特別之處？

周：特別之處是這條問題條件不足。

鄧：欠缺了甚麼條件呢？

周：這個水池有長度、有寬度，沒有高度。

鄧：對了，這條題目其實是無法計算的，是故意給學生機會去思考問題中的

問題。第一，他們能否發現問題；第二，他們是否懂得提出欠缺的條件 ──「究竟水位要注滿到多高呢？」這是很重要的，如果沒有這個資料，根本無法計算出時間來。愛因斯坦說過「提出一個問題往往比解決一個問題更重要」，這是一個很重要的思維方向，有時候可以給一些題目讓學生找出錯處，訓練學生將他們所想的說出來。這類題目可以幫助教師了解學生的解題思路，亦可提升學生運用數學概念去思考的能力。又例如「小明家距離我家 20 米，小紅家距離我家 30 米，小明家與小紅家之間有多少米？」有些人會回答 10 米，但除了 10 米之外，還有甚麼可能性呢？

周：可能有人會回答 50 米。

鄧：對了。為甚麼有些回答 10 米，有些回答 50 米，還有些同學會答兩樣都不是？原來當中有些地方要問清楚，例如「他們三個的家是否在一條直線上？」「小明和小紅的家是否在我家的同一個方向，東面或西面，還是一個在東一個在西呢？」這條題目是想鼓勵學生提出疑問，要解決這條題目，需要再問一些細節後才能夠解答，否則這條題目就會變成一條開放題，兩個家之間的距離是 10 米至 50 米之間。這條題目有趣的地方就是可以成為一個探究及討論的焦點。

周：這個最主要是把抽象思維變成一些具體的說話或者文字，正如上半場梁教授所說，數學除了懂得計算之外，還要懂得說明，你能夠說出來，證明了你有更高層次的理解。所以要訓練小朋友說出來，以提升表達能力、分析能力和信心。

鄧：教師在當中都有些心法。第一，要給學生分享想法及方法的機會。除了用問題外，還可以鼓勵學生寫筆記。另外，可以組織一些數學大使，讓高年級同學教低年級同學數學，當中不單是低年級同學得益，數學大使都可以從中說出他們的分析及計算方法，進行「思說寫」的練習。另

外，可以在班中編排「以強帶弱」，由一些較聰明的學生帶領較弱的學生，製造更多機會去「講下數」、「解釋數」，對較聰明的那些同學亦有益處。第二，教師的角色要做到積極聆聽，鼓勵及回饋學生的分享，例如「講得好好」、「你是怎樣想得到這個方法的」，又或者「兩個都合理，哪個比較好呢，為甚麼？」從這些問題去引導學生說話及表達。

我們已和大家分享了「活的數學」的四個重點，包括「活用開放題」、「活用解難題」、「活用生活題」及「活學思說寫」，期望教師能夠透過這四個重點，燃點起學生在數學學習上的兩點火。

周：第一點火是「興趣」，剛才所講的都是一直在圍繞他們學習數學的興趣，特別是小學生，他們寓學習於遊戲之中，這樣對他們興趣的提升是重要的。另外，剛才都提到，題目要有挑戰性，讓他們有成功感，不過再提醒一下，記得要因應他們的能力，一邊給他們略高難度的題目，一邊引發他們的興趣。另外，與生活體驗的連繫感都會提升他們的興趣，對低年級小朋友的作用特別大。

鄧：第二點火是「思考」，要燃點起學生的思考動力有三個要訣，包括「思考的方向」，我們給予甚麼題材讓學生去思考呢？這個很重要，剛才已提及過有不同的題材給他們。另外，是「思考的時間」，我們真的要安排時間給學生去思考，思考的過程可以是很有挑戰性及趣味性的，而最重要是最終發現的思考要點。最後是「思考的表達」，我們要引導學生將他們的思想，透過語言或者文字表達出來，藉此燃點他們思考的火。

周：我們都記得愛因斯坦曾說過「並不是因為我很聰明，我只是比別人花更多時間研究問題」。在學習數學時也是一樣，當然不是只花時間不停去計算，但若然你能夠花時間去鑽研，你的能力、程度一定會提高。記得問過代表學校參加奧數比賽的同學一條問題：「你們每天花多少時間在數學科上？」印象中，這些同學平均每日會花兩小時以上，甚至有一些

極端的、沉迷的，會用四小時以上。這是他們的興趣，不是教師要他們這樣做，而是他們想發掘更多數學的問題，他們想再提升自己。成功非僥倖，都是需要時間的。

鄧：學習最重要的不是學到的知識，因為知識是日新月異的，透過學習累積的智慧才是最重要的。我們希望今天所分享的四個重點，能帶給教師一些啟發，盼望教師在未來的教學上，可以與學生找到更大的樂趣。今天我們的分享到此為止，多謝大家。

精華片段回顧

有教無「累」？有教無「慮」！
—— 後千禧年代教育的挑戰

曾詠恆醫生

內科腫瘤科專科醫生、香港大學李嘉誠醫學院榮譽臨床助理
教授、香港乳癌研究組召集人。

今日不算是一個分享，或者讓我拋磚引玉跟大家一起探討一下，究竟在後千禧年代，我們有甚麼新挑戰和契機。那就是 —— 每一日我們都用生命去影響生命，該怎樣去學習和傳播人類文明的成果？

後千禧年代的小朋友，他們缺少了實體接受教育的機會，缺乏了同學的陪伴，很多時會更加容易感到孤單。因為他們出世便身處在一個玩遊戲機、手機的網絡世界，比較容易感到憂鬱，再加上父母可能有很長的工作時間，或者是因為失業而面臨經濟困難，這一代便變了 Generation C，即 C 世代（COVID 世代），也面臨着更多的挑戰。

「有教無類」，原先是由孔子 —— 我們的教育家告訴我們，當中有兩重意思。第一，「有教無類」就是人人都有接受教育的機會和權利。古時候，貴族才有接受教育的機會。教育的普及化，令我們現時有平民的教育，在教育面前，人人平等。透過教育，我知道我們為何今日在這裏，是因為我們相信透過教育「有教則無類」，即有教無類的結果就是有教無類，讓所有未必有機會在社會流動，或者家境不太好的小朋友，能夠通過教育、知識的分配，收窄階級差異。老師會因材施教，知道每一個小朋友的強處、弱處，了解他們有特別的需要。

老師和醫師其實很相似，因為我們都是做「以人為本」的工作。例如，現在於癌症腫瘤科的醫學發展上面，我們有所謂個人化治療（Personalized Medicine）或者精準治療（Precision Medicine）。其實，我們看到現今的教師，他們都在使用個人化教育（Personalized Teaching）或者精準教育（Precision Teaching）。他們因着每個小朋友的個人、家庭需要去教育他們。

我年少時期的老師是較單向地將知識傳授給同學，只透過教科書、講學和一些筆記去教授學生，但我認為經過今次疫情，老師都漸漸地開始相信，老師不是一個單向式傳授知識的一個媒體或媒介，其實我們都是教育的導師、軍師及策劃師。新型冠狀病毒在全球流行的時候，有一個比較長的停課時間。對於我們大家來說，最初都有點不知所措。但是，就算社會運動，或者疫情未流行的時候，我們發現每天都多了很多新挑戰，包括知識膨脹，或者我們所謂資訊爆炸（Infodemic）。現在 COVID-19 這個全球疫情（Global Pandemic）仍然很嚴峻。這幾年或者近十年，訊息量亦很多，多得基本上你想要甚麼知識都有，但那些知識是真是假，有時我們自己都未必分辨到真偽。如何去教育我們的下一代，這個對於我們，特別是教育工作者來說，都是一個好大的挑戰。

教育亦很不幸地，無法避免成為其中一個消費經濟。我好欣賞程介明教授，一位香港資深的教育家，他曾經給予我們一個挑戰，我到今日仍然記得。他說，其實我們以往的教育，是由我們的老師，將他以前在大學裏面學到的知識教給他的學生，讓學生去面對他們的將來。這個將來，是老師和學生也未知的，所以他認為，我們的教育好像在追趕時間般，有個所謂時差。如果我們只是單向地去教我們要教的，其實是趕不上進度的。因為在小朋友長大之後，他們所面對的已經不是當時在學校學到的，所以作為教育工作者，我們可以怎樣超脫這個思維，跳出這個框框，令到我們教育更加有意義呢？當然，一定不是以往單純傳授知識或職業訓練那麼簡單，而是怎樣將「活到老，學到老」的精神，傳承給學生或是我們的同業。

現今爸爸媽媽接受的教育多了，但又延遲了生育，導致小朋友數量減少，潛意識就會想給小朋友多些保護，於是，在給予太多保護之下，父母就會變成現今所謂的「直升機家長」(Helicopter Parent) 或者「虎媽虎爸」(Tiger Parent)。另外，有部分家長會覺得自己已經向學校繳付學費，將自己對子女的期望交託給校長和老師，學校的壓力就變得很大——老師如何在半日課堂裏，為其子女的前途負責？這個似乎都增加了師長的苦惱及壓力，老師也很不幸地，被家長當成一個服務員。這是一個比較可悲的文化，故此，我盼望今日在此鼓勵大家，衝出、反擊這個消費文化，令我們可以繼續秉承「尊師重道」等中國傳統文化，特別是在德育、公民教育方面，我們可以做得更多。

　　這裏有本好書介紹給大家——《擁抱教育新常態》。這本書講的是，在疫情下，我們教育工作者怎樣去面對困難、怎樣轉危為機。這裏有提及去年的大事回顧，全部都是停課，包括甚麼時候部分復課、甚麼時候又再停課，接着又再復課，當中有很多挑戰。我覺得對小五、小六的同學，或者是中四、中五、中六的同學影響特別大。今年或者來年的同學，如果他們考DSE，在 2019 年社會運動時已經停課了，而在疫情的影響下，大部分時間又沒有一般的全日課堂，對學生的學習真的有影響。

　　在 2020 年，我多了很多當老師的新病人。老師本身都是壓力大的工種，但在這一年裏面，很多老師前來覆診時都會向我訴苦，他們告訴我：「我真的很慘，我不懂用電腦，又不懂用 Zoom 或者 Teams，不同科又要用不同的軟件。家中還有子女，他們要上網課，曾經試過『斷線』，『斷線』後學校又會致電給我，查問為甚麼我的子女沒有上線；我自己『斷線』也無法教學生，情況根本很混亂。」其實疫情令到貧富懸殊差距更加大，越多資源的家庭就越可以優化他們的 Wi-Fi 系統，擁有多些電腦；但是越無資源的，特別是劏房戶，或者貧窮線下的小朋友，因為他們的父母已經全日上班，也很難幫助他們完成功課，令到這羣小朋友更加缺乏資源。他們的父母帶着很多不如意回家，在事業（或者失業）和家事上很多未能解決的問題，甚至

與小朋友關係疏離，令到老師的擔子越來越重。同時亦有很多得心應手的老師、教育工作者、校長都絞盡腦汁，將危機變為轉機。所以我們相信後千禧年代，無論有沒有疫情的挑戰，都會將傳統教育、自學學習及校園生活這三個平台重新定位，或重新定義。究竟甚麼是傳統教育？甚麼是自學學習？究竟所謂校園生活是否真的只局限於校園裏面？我相信當中有很多方面是值得大家去探討的。

我們作為教育工作者，應該去教我們的下一代怎樣面對將來，同時，我們要將現在的困難或各樣事情化危為機，思考怎樣去轉化及一起創造一些新機會。所以，與其說適應 new normal，不如去幻想一下，我們的 next normal 是怎樣的呢？就好像美國教育家杜威 (John Dewey) 所說：「教育即是生活。」他又提到：「教育不只是單向式的講與聽，而是一個建設的文化。」

在此，我更想將「三心兩意再三思」送給大家，希望大家帶住這「三心兩意再三思」，繼續有教無類，無分類別，亦都可以有教無「累」或有教無「慮」——無勞「累」，以及無憂「慮」。

三個「心」，第一個是「用心」(Concentration)。「用心」，就是我們怎樣用力，即是要主動去用心出力，在教育裏面與時並進，或者制定一些明確的教學目標，譬如剛才提過的挑戰——如何讓我們的同學或下一代，有空間和正向能量去創建一個更好的社會呢？此外，還要用心去聆聽。有時做老師、做校長太久，每個學年都是這樣，沒有甚麼新鮮事，很多時候，我們潛意識不想聽學生的需要，不想聽老師的需要，所以，我們有時未必能夠真正因材施教，還有一樣很重要，其實我們都需要聽自己的需要。做老師和做醫生很相似，因為都是對人的工作，都屬於服務行業。我們服務學生、病人、學生的家庭和病人的家庭，經常處於「付出」的狀態，所以我們都要知道聆聽者的需要，亦要用心去與各界朋友溝通，不要存在偏見，要保持開放態度，聽聽別人會有甚麼想告訴我們，以便一起合作。

第二，我覺得要有好奇心（Curiosity）。小朋友為甚麼不覺得疲累呢？因為小朋友對每樣事物都覺得新鮮。如果我們的小朋友、學生、下一代，見到我們對自己所做的事，或者對那些科目有好奇心，就算新型冠狀病毒肆虐，好像有好多挑戰，他們都會有好奇心：為甚麼病毒會傳播得那麼快呢？為甚麼我們全部都不用上課呢？如果在教育上有好奇心，我們就能夠用一個正向態度去接受新挑戰，亦即是中國人所說的「活到老，學到老」。對於每一個小學生、中學生、大學生，或者專上學生，我相信我們都需要有好奇心，不要對別人存在偏見。人有好多框架，我們在輔導學經常說，我們的原生家庭或經歷，令到我們潛意識上有很多框架。其實，就算有學生很頑皮，怎樣教也不懂，或者經常頂撞你，可能這些行為的背後是有很多令我們傷心的故事，或者是因為他的家人不理會他、不聆聽他，所以他們才會做出一些偏差行為。另外，我們都要對同事有好奇心，不要經常標籤舊同事，認為他們懶惰，又守舊。為甚麼新同事初到職場，就喜愛用新方法做事呢？有時有老師向我們提到新同事做壞規矩。其實我們不應這樣想，做老師是尊貴的職業，不是以一個市場的概念來做。我們是一個「以人為本」的行業，所以，我們有時都需要好奇一下，如果真的有年齡、年代上的差別，就要去了解相對較資深的同事，明白他們不想有改變，或者新同事做事往往都會比較衝動。同時，我們都要對自己好奇：為甚麼我們有時會對人有偏見，或者對自己都有偏見？這是很重要的。

　　第三個心是「同情心」（Compassion）。在醫學界，記得在我讀書時，老師會教醫學生要有同理心（Empathy），教導我們要如何將心比己。但是我們經常都會感到很累，例如我接觸很多癌症病人，他們很多最終都會去世，所以有很多朋友曾經問我，經常面對這些狀況會否感覺疲累。但其實在十多年前的心理學上，有另一個概念可能更適合，就是同情心（Compassion）。同情心就是我們對社會世界變幻莫測的環境，包括社會運動，或者疫情要有同情心，對我們的學生、家長有一份同情心，對同事有一份同情心，無論有病無病的同事，我們都要對他們多一份關心，對自己都要有同情心。

大家可以上網了解一下 Kristin Neff，她是提出對自己有同情心的鼻祖。Kristin Neff 提到自我同情心有三個要點。第一個是善待自己（Self-kindness），我們要對自己好，而不是自我批評；第二個是普遍人性觀（Common Humanity），要明白自己所面對的，正正是大家同樣所面對的，不要孤立自己：為甚麼只有我們要面對疫情？為甚麼只有我要主持 Zoom？為甚麼只有我要教那麼多班？第三個是正念（Mindfulness），要有正面的取向，不要過分地將自己的負面情緒放大，而是要腳踏實地知道自己有困難，接受我們有不足。很多時候，在輔導學或家庭心理學裏面，我們會說每個人都有三種自我狀態（The PAC Model: Parent, Adult, and Child）。例如我們有時會遇到有家長在責罵子女，有些說自己五十歲都在咬手指，有些說話像小朋友，精神科令我們知道，這些都是不平衡的。但為甚麼會出現不平衡呢？可能是因為他在原生家庭或者成長過程裏面經歷過一些創傷。如果我們自己能夠平衡，了解自己的成長經歷、強處或弱處，這樣就更能幫助到同學。

　　再說「兩意」。第一個是「真意」。真心真意，就是對教育、學生、同事和自己，這四方面能夠真心真意。其實所講的就是輔導學所指的表裏一致（Congruence）。中國人很有禮貌，不會出現「我表面對你很好，但其實我不喜歡你」的情況。我們應該真心喜歡一個人，倘若我和他真的意見不合，我們可以一起溝通，這就令我們不會經常不一致，不會有個張力在我們之間出現。

　　第二個「意」，最重要就是「創意」（Creativity），因為我們是教育的策劃師。我希望今日所有學校的領導都知道，我們不單是帶領一班老師，其實我們是一班教育的策劃師，我們可以有無限創意。不論在教育學，或者在我們培育學生上，都可以有多一些創意。

　　最後，如何三心兩意再三思呢？「三思」是甚麼呢？其實就是「3C」。共同協作（Collaboration），我們與學生、同事、校長和領導，如何共同創造

（Co-creation）新的知識，以致我們將來可以共同建設（Co-construction）一個更美好、更健康的社會、國家，或者世界。多年來，教育已經進化了，由所謂單向式，到如何令到學生有技術性技能、基本知識，不單維持社會運作，而是去創造一個更加好的社會。雖然這一兩年有很多挑戰，但其實我們仍要感恩，香港教育制度仍然有可取之處。如果我們經常覺得很累、很多憂慮，事實上還有些事情是值得開心的，例如我們有很多先進的資訊科技，STEM 也做得不錯，開始有成果，又有一個進取且多元的教育制度，亦有很高的老師質素、和諧的家教關係。

最後，我想引用美國學者斯賓塞（Michael Spence）的一句說話，他提到：「教育是為未來生活而準備。」教育不單是承傳知識，而是令下一代可以建設一個更加美好的家園和社會，不單是知識的傳授，而是生命的培育，所以我希望今日能夠為大家提供到一些點子，多謝。

精華片段回顧

「繁」與「煩」
── 校長、醫生如何平衡工作與親子教育

陳小燕校長（下稱：陳）

聖公會李兆強小學校長。

王欣浩醫生（下稱：王）

香港大學李嘉誠醫學院名譽臨床助理教授，澳洲皇家全科醫學院院士，加拿大家庭醫學院證書，美國家庭醫學委員會文憑，英國皇家兒科醫學院兒科文憑（國際）。

陳：今日的題目主要分享「怎樣平衡工作與親子教育」。我認為在工作與親子關係中，不完全是一個高一個低，一定會有一個平衡的方法。今日的題目是「繁」與「煩」，單從字面上看，一個是繁忙的「繁」，一個是煩厭的「煩」，校長的工作真的很繁忙，不單校長的工作繁忙，作為一位老師，他們的繁忙除了是工作量大、工作時間長外，其實精神壓力也相當大。做醫生呢？醫生忙起來的時候，工作與家庭之間所分配的時間，會否有很大衝突呢？

王：眾所周知，做醫生都很忙碌，當然要視乎你在哪裏做醫生，公營醫院一般都會較私營醫院忙碌。另外，要視乎你在哪一個階段，在實習時期，或者成為顧問醫生都有些分別。因為我是在外國回港做醫生的，所以回來後就要進行香港的考試和實習，才可以在香港執業。我記得大兒子出生時，就是我實習的時候，當時就好像電視劇《On Call 36 小時》一樣，例如我早上九時上班，直至第二天早上九時還未下班，必須值班至

下午五時，整整工作差不多三十六個小時才下班。工作時間真的很長，導致在回家後的親子時間倍感疲累。

陳：還可以勉強抽到些時間陪孩子嗎？

王：勉強可以，我認為只能在僅有的時間裏，儘量做到最多。我現在完成了實習期就比較好，就算「on call」以後，第二天早上回到家，都能至少用一至兩個小時去陪孩子，之後才去休息。老師回家後可能要批改試卷，或者要備課，永遠都沒有一個正式的下班時間，是這樣嗎？

陳：其實我們教育界的同工，男女老師的比例大概是7：3。一直以來，我在校長界一直都被認為很瘋狂，同業問道：「你有三個孩子，當忙於工作時，還哪有時間照顧家庭呢？」我最大的孩子已經十八歲，從我懷孕開始計算，在這十九年裏，是我的家庭和孩子陪伴我走這條教育路。當孩子在家中呼喚你的時候，究竟要繼續工作，還是要放下工作去照顧他呢？這是一個很大的取捨。可能男士會比較好，因為懷孕的艱難期交給了太太。很多女老師都很想要孩子，但因為工作壓力的問題，平衡不到心理和生理，幾年來都無法實現這願望。然而，很神奇地，有同事退到另一個崗位，轉換了一個工作環境，就成功懷孕了。所以，大家的心理質素及所面對的壓力，對生理的影響都頗大。

王：剛才你提到「忙碌」和「瘋狂」，在教育界當然會出現，而醫學界其實都一樣，與你們有上班時間，但沒有下班時間的日程差不多。如果是婦產科，或者是外科，除了每天由早上九時工作至下午五時，甚至要工作至晚上八時也好，下班的時候並不代表真的下班。老師當然是因為要備課等緣故，而我們則隨時會有急症，尤其是婦產科，隨時需要你回去負責接生，加上無論是星期六、日，或者是公眾假期，每一日仍要回去巡房，所以就會出現有上班時間，但沒有下班時間的情況，沒有一個固定的日程。

陳：很多老師也該想一下，工作和家庭究竟該怎樣取捨呢？年幼的孩子要你陪他玩耍，而你知道自己手頭上還有很多工作時，你可能會敷衍地回應你的孩子：「我等一下再陪你玩。」其實我們理智上知道我們正在拒絕他，你知道他會不開心，但是我們又很想快些完成手頭上的工作，非常矛盾。當刻我們會對他們感到慚愧，那一刻敷衍了他，在他心裏就產生了「原來我不是在父母的首位，他們這一刻暫時無暇理會我」的想法。他們有時會吃醋，譬如我說：「我等一會兒再陪你。」孩子就會回說：「那我不找你了，我找爸爸好了。」我也會失望，我又錯過了一個陪伴孩子的親子時間，但正如剛才你所說，有時一個「急 call」就要回去，我們都會感到很無奈。

我很想提醒各位同工：當你很忙碌的時候，你的孩子是否知道你為誰而忙？你究竟在忙些甚麼？我有很深的感受，為何我刻意讓孩子知道我的工作是做甚麼的呢？我做老師的時候，我的女兒還很年幼，她看着我批改功課，說她將來也想成為老師，因為她覺得很有趣，問：「為甚麼要貼貼紙、蓋印章呢？」我就會向她解釋，因為其他孩子做得好，我要獎勵他們，他們見到那些貼紙會很開心。她似乎能理解我為何要花時間去做這件事，她覺得很有意思，原來有其他孩子會因為媽媽用心批改考卷而高興。

我小時候見到爸爸日出而作，日落而息，甚至八點後才回家。童年時，我根本不理解爸爸在忙甚麼，但我知道他每個月都有給家用媽媽。爸爸在我小時候是很嚴肅、很兇的，不懂得和子女相處、溝通，因為他真的沒有太多時間跟我們溝通，你會感覺到親子關係很疏離。這個時候，爸爸只有「一家之主」的形象，或者是一個權威。爸爸會賺錢照顧家庭，但對子女來說，就彷彿只是一個住在一起的人。我經歷過便引以為鑒——我要讓自己的孩子知道，我每一天的工作是甚麼。所以，各位校長、各位老師，你們都很忙，但如果我們拒絕孩子，叫孩子去找爸爸玩，或者等一會兒再玩，他會覺得你不友善，不理睬他。用剛才批

改功課的例子，我們要讓他有一個能預見的、可達成的目標，例如可以跟孩子說「五分鐘之後就可以了」、「你要等我五分鐘」、「五分鐘我做完之後，這羣小孩子收到批改好的功課就會很開心」⋯⋯當他知道、明白後，心裏就不會有一個缺失，覺得父母在敷衍自己。

王：我也認同讓孩子知道你在忙甚麼是很重要的。他們明白之後，就不會覺得你不理睬他，只是真的正在忙而已。在疫情初期，太太在家工作時會用電腦，她做得很好，不會花一兩個小時完成手頭上的工作才跟孩子玩；而是將她的工作桌放在孩子的桌子旁，孩子在做功課的時候，會見到媽媽真的在工作，甚至可以與媽媽閒談，問：「媽媽你的生意是做甚麼的？」這樣一來，可以令孩子安心；二來，孩子又可以對爸媽有基本的了解。

除此之外，在剛過去的暑假，我和太太寫了一本書，同樣地，我們在寫書的時候，孩子都在我們旁邊。當我們忙着討論要寫甚麼的時候，孩子看到就會模仿、學習，在一旁用白紙畫些圖畫，再釘起來變成一本書。在過程中，你能讓孩子了解你的工作，他在旁學習之餘，亦不會覺得你不理睬他、不陪他玩，甚至可以成為一個親子時間。我覺得適當運用時間很重要，不單是醫生、教師，普遍香港人工作都很忙碌，但忙碌不等於不能照顧孩子的教育，重點在於怎樣分配有限的時間。有些研究指出，如果家長和孩子有多些親子時間，這對孩子的心理和生理都有好處。如果沒有給孩子足夠的親子時間，在生理方面，孩子一般會比較肥胖；在心理方面的影響，相信也不用多說。當你下班回家後，給予孩子很多時間，但只是與他們一同看電視，而不是和他們互動的話，效果就會不理想。假設我只有十分鐘，但在這段時間內，我不用電話、不看電視，只專注在孩子身上，這比我用一小時看電視會更好。

陳：在我的職業生涯裏面，因為我是媽媽，所以我特別能夠體會家長的想法。當我視孩子為掌上明珠的時候，也明白其他家長會很重視他們的孩

子，所以，當我的孩子讓我知道他們正遇到甚麼困難、有甚麼難題不懂得處理時，我回到學校就好像有預知能力一樣，可以告訴老師，其實一個六歲的孩子也會遇到很多困難，能夠預先想方法幫助他們。對我來說，我的孩子是我工作上的一個提點，讓我知道孩子的心理需求是甚麼。無論是幼稚園至中學學生的心理我都明白，因為我經歷過在同一時期，一個兒子讀幼稚園，另一個兒子讀小學，女兒讀中學，所以小一選校、升中選校，我全都有經驗。當我主持家長講座時，可以給家長很大信心，家長就會更加容易接受我向他們作出的一些提醒。

我們的工作真的很不容易，醫生可能是一個需要很理性的職業，要面對很多生離死別，但是做老師一般都很感性、很重情。我們工作壓力大的時候，情緒起伏都很厲害，但通過親子關係，我們很能理解生活或者生命的意義——原來有一個小生命在身邊陪伴你，一家人開開心心是很寶貴的。所以，當我們看到一些學生的家庭狀況出問題時，我們會很想幫助他們，可能是媽媽不懂用一些恰當的方式跟孩子說話，令關係破裂；或者反過來，孩子心裏的想法又不懂得恰當地告訴媽媽，結果很可惜，破壞了親子關係。這亦成為我的工作動力，希望盡量幫助不同的孩子和家庭。看着我們一年級的小孩子長大，到六年級時，他們已經覺得自己長大了很多，但其實他們仍然需要輔導，需要有人陪伴他們成長。當我面對家中的幾個孩子，我就深深感受到這是上天的恩賜，既然上天對我那麼好，賜我三個寶貝，我就要將我的愛心分給學校的學生，讓愛心不斷延續下去。

我很樂於向我的子女分享學校的一切，有時候我會想：「他們會否吃醋呢？」我會和他們分享，今日在學校與其他小孩子一起很開心、做了甚麼有意思的事情、有小孩子畫了一張心意卡給我……我感覺到他們能明白媽媽為甚麼會那麼忙碌，原來媽媽忙碌過後會有一定的成功感、滿足感；我又會將在敬師節收到的敬師卡帶回家，讓他們知道，原來在別人眼中，他們的媽媽是怎樣的，這可能又會刺激子女向我表達：「我們

都好愛你的！」那一刻我會很開心。所以，當他們埋怨你很忙，不能只告訴子女說「自己很忙」、「我要開會」……你在開甚麼會呢？我會解釋我上面仍有校董會，每次開校董會都需要充分預備，要將這幾個月的工作向校董會匯報。子女會觀察到我很繃緊，這些時候，我會向他們解釋：「校董會聘請了我，我要向他們交代我的工作，所以我現在需要安靜的環境認真工作，一會兒便會陪你。」或者跟他們說：「我可能要晚一點下班，我大概甚麼時候就會結束會議，到時就可以陪你」，諸如此類。又例如學校的校訊、開放日，或者是任何成就，我都會和他們分享。如果可以的話，我甚至會公開感謝他們，謝謝我的子女和丈夫給我的支持，他們就更願意成就這件事。

王：這個分享很好，我都很認同，同時這亦是一種抒發情緒的方法。有時候，剛好當日工作不愉快，少不免會將一些負面情緒帶回家。其實有時並不是因為孩子的緣故而氣結，但會不自覺將情緒發泄到他們身上，這樣就不太好；相反，如果和孩子分享，抒發出來之後，他就會明白不開心的情緒不是因他而起，這就是欣賞與埋怨的平衡位。

陳：有時我們的情緒，可能不是因為家庭，而是受工作影響，但孩子不明白。例如孩子說：「媽媽，我想吃雪糕！」其實我知道時間上不容許買雪糕，有時一定要勸自己不要將情緒帶回家，不能隨口說一句：「你好煩，不買就是不買！」這就不太好，因為你用一個很不好的語氣說出「你好煩」，孩子全部接收了，他會想：「自己是否真的很煩呢？」其實你用這個態度、語氣、表情，全然不是因為他，他沒有做錯，只是自己將工作的負面情緒帶回家。所以，我奉勸所有教育界的朋友，無論你在學校有多忙碌，甚至有情緒時，也不要動真氣，即使學生有多錯、有多壞，他們都需要我們去輔導，更加不要讓學生有「明天上學就有得你受了」的感覺；也不要將情緒帶回家，家中的孩子更是無辜。我在工作壓力真的很大很大時，一打開家門見到熟悉的面孔後，眼淚就幾乎湧出來，我的兒子窩心地跑去取紙巾給我抹眼淚。他們知道你的工作是艱

辛的，就會體諒你、諒解你。所以，無論我們校長、老師有多忙碌也好，都不要帶情緒回家，我們要將工作和家庭分開，對家庭要公平。

有時覺得子女很煩，他們令你氣結，可能只是我們錯怪了孩子。「我已經很忙，你還不明白我」、「你還在煩着我」或者「還不努力讀書」……其實這些只是自己的宣泄，與他們並無關係，我們將家事處理得不妥當時，當然會影響工作，尤其是你們作為醫生更加不能出錯，若然開錯藥、開錯刀就不好了。然而，當我們很專注在工作上，是否就等於要將家庭放在一旁呢？我曾經花好長的時間專注在工作上，熬夜後非常累，回家面對孩子時，精神欠佳聽不到他們在說甚麼，要他們再重複一次，這樣工作與家庭就無法平衡。

教育界面對的不只是課室裏的學生，還有背後的家長，以及同事之間的合作。學校裏有很多事情要校長和老師去處理。我曾經處理同事之間的爭拗，不論結果如何，自己都會有負擔，覺得處理得不夠好，又覺得同事仍未平復。當自己有情緒的時候，傷身又傷心，還糟蹋了人生。剛才都提過，家庭是我們的祝福，但當我們心緒不寧、情緒不佳時，所有事情都看不順眼。說到情緒這方面，醫生是否都要面對呢？

王：我認為醫生也是一樣，任何工作都會有負面情緒，我們要提醒自己不要將其帶回家。你剛才提到，孩子會觀察父母怎樣去處理事情，與伴侶之間有爭拗或情緒不愉快等，孩子全部都看在眼裏，處理不當的話，會對孩子造成影響。有些研究提到，一段不理想的夫妻關係會延續到下一代，因為這是父母的身教。如果每次父母有甚麼不開心就起爭執或打架，當孩子長大組織自己的家庭時，他們便會跟隨父母那一套，除非他們非常積極去學習該怎樣維持夫妻關係，否則很多時候會學習父母那一套，並運用在自己的家庭中，導致不和諧的關係延續到下一代。我們辛苦工作究竟是為了甚麼呢？不就是想讓我們的下一代有更好的生活。如果你只顧投入工作，忘記了孩子的需要的時候，就像是迷失了一樣。

陳：在工作上，有些同事一感到沮喪，就好像天要塌下來一樣。這個時候，我就會跟他說：「難道工作是你人生最大的一部分嗎？你還有你的家人、朋友，一時的失意是否代表人生就毀了呢？」

我會將孩子送給我的東西放在辦公室案頭，當不開心、失意的時候，就會想到自己有家人的支持。我的兒子有次用一張紙寫了「加油」二字，當時他還在幼稚園，不太會寫字，是爺爺教他寫的。他暗地裏把紙條放進我的手袋，當我回到學校見到覺得很驚喜，雖然只是粗糙的一張草稿紙，但已經足以鼓勵我努力工作，為我打氣。我的大兒子已經是中學生，有少量零用錢。有次我純粹想測試一下他對媽媽的關懷有多少，於是跟他說：「媽媽很辛苦，你可否送份小禮物給我，讓我放在辦公室裏可以經常想起你？」之後我們去了宗教書室，他買了一個上面寫了「Lord gives me strength」的擺設給我，我就將它放在案頭，非常窩心。我記得女兒七歲時，我要她畫一幅畫送給我，她就畫了四格漫畫，我請她在下面加了一句「辦法總比困難多」，之後這幅畫一直放在辦公室陪伴著我。孩子給我的鼓勵十分重要，其實我們都要讓孩子知道，雖然我們是成年人，但都需要支持。

我覺得最好的親子教育，不是安排甚麼補習班或去學甚麼，而是父母的身教。我們的生活習慣、言行舉止，他們都會模仿、學習。在兒子還年幼時，我問他：「你將來想做老師嗎？」他說：「好呀，我要像你一樣。」當我升上主任後再問他：「你還想做老師嗎？」兒子就說：「都可以，但好像很困難。」直到我當上校長後，他已長大了一些，說：「我仍想投身教育界，但不做校長了，因為太辛苦，我看你壓力很大。」我告訴他，教育界確實需要有心志、有能量的人去做這些崗位，這樣才可以影響更多學生。一個班主任能影響三十多個小孩子，一個科主任能影響一個學科，做主任、校長就可以改變學校風氣和政策。工作雖然是很辛苦，但我們可以發揮影響力。其實孩子會將爸媽的工作看在眼裏，還有我們的處事方式、態度、價值觀等。正如我剛才所說，在我的教育生

涯中，我的子女一直陪着我，在過程中，我是怎樣看待教育、怎樣看待學生，怎樣看待一些有需要的孩子和家庭，其實他們全部都知道，他們會產生一個想法：我都要學習媽媽，有能力就去幫助其他人。

王：我同意你所說的。如果只是讓他們參加一些興趣班，的確是可以學到知識，但就會缺少了親子教育的元素。我和太太都有讓孩子參加興趣班，但我太太更喜歡和他們一起去學習，或教他們一些知識。我太太是做家族生意的，有時會教我大兒子做生意。有次太太教他做麵包，他第一次親手做麵包，大家都有一起幫忙，做完之後，就要他自己去賣麵包。

為甚麼會有這個念頭呢？因為當時他想買一套「鐵甲奇俠」的服飾。於是我跟他說：「我們沒有預算買這件衣服，不如你自己賺錢去買『鐵甲奇俠』的衣服。你很想要這件衣服的話就做麵包，做完之後就去附近的停車場空地擺攤。」當然，太太有預先與鄰居提及，並邀請他們前來，大兒子自己都有畫一些標示牌宣傳。當客人（即鄰居）到來時，大兒子就去介紹自己的產品。我有個醫生朋友來到，看到有三種不同大小的麵包，就問他有甚麼推薦。大兒子第一句就問：「你家中有多少人？」醫生朋友告知總共有四個人，大兒子就建議他買中尺寸的麵包。在這過程中教他怎樣去營運一盤生意之餘，又可以學到數學，亦有親子時間，一起做麵包、一起搬桌子、一起擺攤，這樣的得益可能比上補習班、興趣班還要多。

陳：這樣好像做了一個專題研習，很有意義，讓孩子自小學習用不同的方法去解決問題。其實，要教導孩子專心、認真、積極，不用去上興趣班，只要透過爸媽日常生活潛移默化就足夠了。再者，要讓孩子以爸媽為驕傲，這個都很重要。爸媽未必要很有成就，所謂成就包括做醫生、律師、校長……不需要這些。哪怕只是家中出現蟑螂，爸爸每次都很勇敢地解決牠，然後跟孩子說「不用怕」、「你要克服牠」，可能這就是孩子心目中英雄的形象。當他們遇到問題就知道可以找爸爸，爸爸能夠隨時幫忙。

我很想激勵一些教育界的同工，做老師是很容易沮喪的，特別是當你遇到一些情緒、行為有困難的學生，但我們的工作就是這樣，不是去選擇學生，要「有教無類」，這就是我們的價值。不同學校有不同的規模、表現、困難，我們的職責就是去處理這些問題，所以，當我們遇到困難時，千萬不要逃避，能做多少就做多少。雖然仍有不開心的時候，但在辛勞、沮喪之時，都要記得「半杯水」的道理——保持樂觀。很多時候，我們會問：「為甚麼我那麼辛苦？我可否辭職？我可否退休？」但這樣做並沒有解決事情，亦無法梳理情緒。面對這些情況，我會這樣安慰自己：你有居所、有伴侶、有家庭、有孩子、有事業、有能力，這一刻你有情緒，只是欠缺冷靜下來的時間，只是人生出了點亂子，但每日都是一個新開始，你的家人、你的孩子，比起任何人都更加需要你，不單需要你的軀殼，更需要一個身心靈都健康的你。

我們今日的分享到這裏，同工如有任何疑問的話，或許可以看看王醫生的書《醫生爸爸在家怎樣做？》。若然你們在學校需要心理上的輔導或支援，你的校長、主任、同工都一定會支持你的，甚至可以透過學校聯絡我。謝謝大家。

精華片段回顧

STEM 與 STEM 教育

蘇詠梅教授

香港教育大學科學與環境學系教授。

一、配合經濟發展的創新科技

創新科技與我們的生活息息相關，日常生活中創新科技無處不在。例如我們每日使用的光纖通訊就是當年高錕教授為能夠快而準地傳遞光的訊息而研發的一項創新科技。在光纖製造過程中，他運用了跨學科知識——物理光學原理和材料科學，可用作長距離的信息傳遞媒介，也被用於醫療和娛樂的用途。又例如我們每天看到的世界城市天氣預報，是世界各地的氣象組織透過收集衛星雲圖數據、雷達數據、地面觀測數據或運用下投式探空系統的科技取得熱帶氣旋數據，以氣象學、水文學等地理學的跨學科知識，來分析各國氣象數據，以預測未來天氣的創新科技。

STEM 的發展使我們的日常生活更方便和進步。創新科技對社會或國家的經濟發展甚為關鍵。美國教育部曾經估算美國從 2010 至 2020 年的 STEM 工作需求增長[1]，預計生物醫學工程的工作需求最多，其次是醫學專家。今天看來，當年這個預測頗為準確，因為新冠疫情正渴求有關技術；而系統軟件開發、電腦系統分析等工作的需求亦預計有所增長。

---

1 Barack Obama. (2010, Setember 16). Science, technology, engineering and math: Education for Global Leadership. https://www.ed.gov/sites/default/files/stem-overview.pdf

很多地方都關注 STEM，究竟每一處地方所投入的資源及產出的情況又是怎樣呢？根據 2021 年全球創新指數排名[2]，香港排第 14 名，這個排名比起很多地方還算不錯。我們再看一下香港的投入指數，包括「制度」、「人力資本研究」、「基礎設施」、「市場成熟度」和「商業成熟度」；以及產出指數，包括「知識和技術產出」以及「創意產出」。香港在投入指數排名第 10，而產出指數排名第 17，這是否意味着投入多於產出呢？另外，根據 2018 年到 2021 年的數據，香港的投入是越來越多，但產出卻維持不變。此外，有幾個國家，例如英國、韓國、中國，他們的產出排名都較投入排名為高，即表示產出是高於投入。究竟投入了的資源如何能達至產出平衡，值得我們注意。

各地政府都意識到需要 STEM 教育來培訓懂得綜合不同學科的年青人，成為一個較強的人力資源團隊。這些年青人既要懂得研究，又要有商業頭腦，也要有相關的科技能力來發展 STEM，幫助社會經濟及科技發展。STEM 是由不同學科綜合而成的，包括新興的人工智能和生物信息等，另外還有不能遺漏的最基本的 STEM 學科，即是生物、化學、物理等。為甚麼這些學科都屬於 STEM 呢？因為生物科有很多工程和計算都會用到科技，而化學及物理等學科亦有同樣情況。

雖然很多地方政府都關注到 STEM 的重要性，但是有研究指出不少學生對 STEM 的興趣或職業抱負卻很低。[3] 究其原因，研究指可能是因為課程涉及太多元素而令學生吃不消，教學方法或課程太呆滯，內容太深等原因。當然還有其他社會或國家經濟發展的因素影響，令學生不太熱衷於 STEM。

2　Global Innovation Index (n. d.). Explore the interactive database of the GII 2022 indicators. https://www.globalinnovationindex.org/analysis-indicator
3　Hall, C., Dockerson, J., Batts, D., Kauffmann, P. & Bosse, M. (2011). Are We Missing Opportunities to Encourage Interest in STEM Fields? *Journal of Technology Education, 23(1)*, 32-46.

二、STEM 與 STEM 教育

　　STEM 對社會或國家的經濟發展日漸重要，各地政府明白到 STEM 與 STEM 教育密不可分，於是加強從 STEM 教育入手，希望能培養學生對 STEM 的興趣和職業抱負，為 STEM 領域培訓創科人才，用創科促進社會發展。

　　早在 1990 年，美國國家科學基金會的聲明提到，美國經濟要加速推動、創新，令經濟發展更好，就需要加強學校的 STEM 教育，培養更多人才參與創科產業，確保學生所學到的知識，能夠與社會需求掛鈎。對教育工作者而言，能夠培養一輩符合社會需求的人才，是教育工作最美滿的成果。前美國總統奧巴馬在 2009 年上任初期已大力推動 STEM 教育。在 2015 年的白宮科學展中，奧巴馬提到科學是一種理解、探索和參與世界的重要方法，使人類有能力改變這個世界。[4]

　　STEM 教育最終目的是希望強化 STEM 發展，這無疑對於國家及社會在生產力和經濟發展各方面都有利，所以在很多施政報告或政府文件中，都希望更着力推廣 STEM 教育。要達成這個目標，中、小學基礎教育的角色尤為重要，若中、小學生欠缺足夠的 STEM 學習機會，便不會有足夠學生在上大學後選修相關學科繼續深造，因而影響幫助社會發展的科技人才資源。因此，必須在中、小學基礎教育中提升學生學習 STEM 的機會，深化 STEM 學習，並培養學生在這方面的興趣，使有足夠的學生在大學選修 STEM 學科，優化 STEM 人才；在大學畢業後，參與創科產業，強化 STEM 領域，從而促進國家富強，經濟繁榮及提高生產力。

　　中、小學生未必能夠參與促進社會經濟的創科工作，所以，中、小學

4　Richard M. Jones. (2015, March 24). President Obama on STEM Education. AIP. https://www.aip.org/fyi/2015/president-obama-stem-education

STEM 教育宜從「育人」方面着手培訓，引導學生應用不同解決問題的方法；實行合作或專案實踐性課程和教學；提供機會，讓學生進行跨學科的整合學習；最重要是聯繫學習與現今社會的需要。很多地方政府都在推行以STEM 教育為重的教學倡議。各類 STEM 教育文獻包括政府報告、調查研究報告、學術理論、教學實證研究、個案討論，都有不同主題的討論，例如學科整合、不同領域的參與、教師培訓、教師教學、學生學習；涉及學習階段包括幼兒、小學、初中、高中及大學；學習形式包括校內、校外、正式和非正式的教育。

在云云討論中，有一些是關於對 STEM 教育的疑惑與迷思，包括：究竟 STEM 是一個學科，還是一個取向？常提到的學科整合或綜合，應該怎樣整合？教學的程度和模式是怎樣？科學、科技、數學、工程，每一個學科在 STEM 所發揮的作用是怎樣？

三、STEM 教育：學科 vs 取向

有研究討論學科與課程取向問題時，都認為 STEM 不是一個學科，因為一個學科是要有一個比較強的知識體系，知識內容要比較闊以及要有統一標準。STEM 暫時未能做到這幾方面。相反，STEM 被認為是一個課程和教育取向，因為它是應用不同的知識技能和態度，在真實的情境下解決問題的一種教學模式，同時強調 STEM 各領域裏不同內容的學習。綜合而言，STEM 教育，在暫時來說，是一個系列的學科集結。[5]

如果要將 STEM 看成為一個課程或教學取向的話，可以從兩方面考慮：第一，在設計和實施 STEM 學習課程活動的時候，考慮成立不同學科背景的工作小組，舉辦短期活動和嘉年華等。第二，在原有課程裏應用 STEM

5　蘇詠梅、羅天 (2021)。〈STEM 教育的概念重塑〉。《兒童大世界·科學教學》，第 11 期，頁 3-7。

教育理論，並且注重應用學科與其他 STEM 範疇的聯繫，例如小學常識、科技、數學各科的跨學科教學，讓學生學習如何幫助社會上有需要的人士，又例如中學學習風力發電時，要同時考慮經濟原則、地理因素、能源考慮、物理學元素等。

四、STEM 教育的整合

關於 STEM 教育的整合問題，普遍都是討論科學與科技、工程與數學等學科的多學科、跨學科或超越學科的結合；亦有討論從學習內容及學習策略兩個方向去整合 STEM 教育。[6] 學習內容方面，是對不同類型和領域的學科知識內容的整合；學習策略方面，是對不同學習方法或認知活動的整合。

例如在暑假期間，坊間舉辦的程式設計及相關的硬體操作課程，教導學生怎樣使用一個硬件或製作機械人，無論在學習內容或學習策略的整合度都較低，因為只着重指導學生在 STEM 的某個特定領域中學習一些技能和實踐知識。

例如到大學參觀實驗室或創新研究發明，屬於學習內容整合度高，但學習策略整合度較低的活動。在內容上，學生到大學觀摩或到科學園的創科公司參觀新產品，都會很開心，可惜欠缺教學策略上的多元性，學生沒有太多機會發問，亦不知道問甚麼。有些學生會四周張望，感覺有趣就看看，未能從參觀中學習解決複雜、真實問題的高階思維。又例如閱讀有關 STEM 創新的資訊或書籍，雖然可以從中獲得知識，但學習策略欠缺多元性，整合度不高，需要輔以其他學習活動。

至於很多學校會做的 —— 用吸管製造穩固的橋、製作飛得更高的紙飛機或飛得更遠的水火箭，則屬於學習內容整合度較低，但學習策略整合度高

6　Cheng, Y. C., & So, W. W. M. (2020). Managing STEM learning: A typology and four models of integration. *International Journal of Educational Management, 34(6)*, 1063-1078.

的活動。這類 STEM 活動，學習策略多元化，不過在內容方面卻未能靈活地運用多種學科知識及思維模式。

學習內容和學習策略的整合度都高的活動，通常跟現實生活較為貼近，例如讓學生先了解工程師的工作，然後嘗試模擬工程師進行創新設計，如水務署介紹能供應水塘所需電能量的浮動太陽能板。學生先觀看水務署網站的專業短片，然後扮演水務署工程師，嘗試模擬創新設計，把小型太陽能板放在會浮的物件上，造成一個浮動太陽能板。過程中，學生可以藉此了解工程師的工作，同時模擬創新設計的過程和學習解決困難的方法。這類活動的內容學習和認知活動都是多樣化的。

以上四種整合 STEM 的學習程度各有特色，宜視乎學校情況和學生需要，或循序漸進地選用；不一定每次學習都要做一個整合度很高的活動，因為整合度越高的活動，教學設計及施行的難度和複雜性就越高。[7] 部分有能力的學生當然能從高整合度的活動中獲益，但對於一般學生來說，高整合度的活動不一定最合適他們，因為這類活動可能會因為超越了他們的認知能力而令他們生畏卻步。

五、STEM 教育中的科學、科技、工程與數學發揮的作用

科學包括知識內容及科學探究。科學探究由提出假設開始，然後設計測試及實驗，進行探究及收集數據，過程中要找出錯誤的來源和收集數據的局限性，最後得出與科學現象相關的結論，並為進一步探究提出改進方法和建議。

科技方面，學生除了要懂得使用科技產品，同時要成為科技的生產者和創造者。學生可以利用不同儀器或科技產品來收集、處理和表達數據，從

7　National Research Council (2014). STEM integration in K-12 education: Status, prospects, and an agenda for research. National Academies Press.

而創造新產品。此外，學生亦要懂得使用程式設計、編碼或計算思維來交流[8]和表達想法[9]。

工程方面，工程設計循環和設計思維是 STEM 活動中的骨幹，是解決跨學科問題的重要元素。工程知識不但有助於學科整合，減少設計 STEM 活動的難度，同時能培養學生成為一個有經驗的設計者和問題解決者[10]。

數學運算包括：收集、處理及表達資料[11]，而數學建模（modeling）是將現實生活中比較複雜的事情數學化[12]，經過驗證和概括[13]，用數字或結構來代表現實社會裏不同問題的關係。STEM 需要學生循序漸進地掌握數學運算及建模。

科學、科技、工程與數學的知識和技能各有不同，各學科在 STEM 學習中發揮各自的作用及互相補足是 STEM 教育整合[14]的特色。[15]

8　Bers, M. U. (2018). *Coding as a Playground: Programming and Computational Thinking in the Early Childhood Classroom.* New York and London: Routledge, Taylor & Francis Group.

9　Eguchi, A. (2014). Robotics as a Learning Tool for Educational Transformation. *In Proceeding of 4th international workshop teaching robotics, teaching with robotics & 5th international conference robotics in education.* Padova (Italy), 27–34, July.

10　Kelley, T. R., & Knowles, J. G. (2016). A conceptual framework for STEM education. *International Journal of STEM Education, 3(11).* doi: 10.1186/s40594-016-0046-z

11　So, W. W. M., Zhan, Y., Chow, S. C. F., & Leung, C. F. (2018). Analysis of STEM activities in primary students' science projects in an informal learning environment. *International Journal of Science and Mathematics Education, 16 (6)*, 1003-1023. doi: 10.1007/s10763-017-9828-0

12　Czocher, J. A., Melhuish, K., & Kandasamy, S. S. (2020). Building mathematics self-efficacy of STEM undergraduates through mathematical modelling. *International Journal of Mathematical Education in Science and Technology, 51 (6)*, 807–834. https://doi.org/10.1080/0020739X.2019.1634223

13　Kertil, M. & Gurel, C. (2016). Mathematical modeling: A bridge to STEM education. *International Journal of Education in Mathematics, Science and Technology, 4(1)*, 44-55. doi: 10.18404/ijemst.95761

14　Kelley, T. R., & Knowles, J. G. (2016). A conceptual framework for STEM education. *International Journal of STEM Education, 3(11).* doi: 10.1186/s40594-016-0046-z

15　So, W. M. W. (2021). Does Computation Technology Matter in Science, Technology, Engineering and Mathematics (STEM) Projects? Research in Science & Technological Education. doi: 10.1080/02635143.2021.1895099

六、STEM 的情意教育：抱負

STEM 教育還需要甚麼呢？在一篇關於 STEM 教育的文章提到，STEM 和科學不應是冷冰冰的，應該多講一些情意，提高學生興趣，希望學生因為喜歡而參與相關工作。[16] 情意，又稱為抱負（Aspiration），意指表達自己的希望或野心 [17]，亦可指對未來的一些模糊想法或具體可達成的計劃。[18] 要求高小階段的學生表達抱負是否過早呢？其實不少研究，包括一個在英國進行，探討年青人科學抱負的大型研究認為，多了解小學生的抱負能預測他們對於普遍職業的取向，這些取向可作為學校以及教育政策制定者調適教育的參考。

以下介紹一些近期的 STEM 教育研究，包括學校與 STEM 專家合作及學生對 STEM 的抱負。

STEM 教育研究：學校與 STEM 專家合作

近年開始有 STEM 教育研究探討學校與 STEM 專家合作，指出 STEM 專家在 STEM 教育的角色很重要，因為 STEM 專家日常正在做相關工作，具備真實情境、真實用具和跨學科知識。[19] 老師可把這些真實資源轉化為 STEM 學習活動。

例如水務署網頁介紹的浮動太陽能板，便是 STEM 專家 —— 水務工程師的創新科技工作。教育工作者或老師可以把這些真實資源轉化為學習活動，讓學生從活動中受益，學習 STEM 的知識和技能，提升對自然及周遭環境的興趣並了解創科對社會的重要性。

---

16 李美嫦 (2020)，《科學探究與價值探問》。香港教育 3.0。

17 Archer, L. & DeWitt, J. (2017), *Understanding Young People's Science Aspirations: How students form ideas about 'becoming a scientist'*. United Kingdom.Routledge.

18 Julia Brannen & Ann Nilsen, (2006), From Fatherhood to Fathering: Transmission and Change among British Fathers in Four-generation Families, Sociology.

19 Watters, J. & Diezmann, C. M. (2013). Community partnership for fostering student interest and engagement in STEM. *Journal of STEM Education: Innovations and Research, 14 (2)*, 47- 55.

常識科有不少議題都與 STEM 有很大關係，譬如香港景觀。本地一所大學體育館的屋頂在多年前曾倒塌，為甚麼會塌下來、是否因為屋頂種了植物、綠化與安全之間的關係是怎樣的呢？景觀設計工程師要研究天台排水系統，令天台不會因綠化而負載太重致倒塌。又例如香港雨季有山泥傾瀉，土木工程師創新設計的智能泥石壩，可以預報山泥傾瀉。又例如醫院亦有舉辦活動，提供機會給學生實習做小醫生，建設模擬場景讓學生扮演醫務人員做「通波仔」手術，讓學生了解多元的醫療服務。

環境科學家、渠務工程專家、軟件設計師、水務工程師、化學人員及不同的 STEM 專業人員，若能提供真實資源與學校合作，讓老師們有依據來創作 STEM 學習活動，既能減輕老師設計活動的難度，又能提升活動的真實性。

研究發現學生對 STEM 工作的認知貧乏，認為從事 STEM 工作的多數是男性，亦發現學生對 STEM 人士的人際觀感較負面，覺得他們很古板及超現實。由於學生對 STEM 人士的看法與他們對投身 STEM 職業的興趣有很大關係，所以學校應該提供多些機會給學生體驗 STEM 職業。[20]

STEM 教育政策研究：香港學生對 STEM 的抱負

計劃對 STEM 教育，包括個人、家庭、社會及學校各方面提出了建議。[21] 研究成果也包括撰寫了題為《香港欠「STEM 女生」》的報刊文章，內

---

20 So, W. M. W., Chen. Y., & Chow C. F. S. (2020). Primary school students' interests in STEM careers: how conceptions of STEM professionals and gender moderation influence. *International Journal of Technology and Design Education*. https://repository.eduhk.hk/en/publications/primary-school-students-interests-in-stem-careers-how-conceptions

21 So, W. M. W. (2018). Challenges and Opportunities with Hong Kong students' Science, Technology, Engineering, and Mathematics Aspirations. *Public Policy Research Funding Scheme*. https://www.pico.gov.hk/doc/en/research_report(PDF)/2018.A5.041.18C_Final%20Report_Prof%20So.pdf

容描述有關香港女生對 STEM 沒有興趣的數據，刊登於 2020 年初。有趣地，在刊登的數個月後，幾位初中學生對這篇文章作出了回應，分享了他們的想法。這個政策研究還統計了影響學生未來是否有興趣投身 STEM 職業的因素，結果顯示，中學生認為父母對自己的期望、在相關學科的自我效能及文化資本（即是學習資源，如各種媒體資源、各類型非校內活動），三個因素最影響中學生對 STEM 職業的興趣。[22]

STEM 教育亞太研究：中、小學生對 STEM 的抱負

參與研究的亞太地區包括韓國、廣州、台北、香港、馬來西亞、新加坡、印尼，每個地區都有一所大學參與。參與的大學把研究問卷發給中、小學生，了解他們對 STEM 的抱負。2021 年初，參與的各所大學學者舉辦了網上研討會，就收集的數據進行討論，並就數據的分析，分享影響學生 STEM 職業抱負的各種因素。「學習 STEM 原因」是一個影響學生對 STEM 的抱負的最重要因素。其次的影響因素分別是「工程能力」和「對 STEM 人士的印象」。研究得出的結論是：學生要知道為甚麼要進行 STEM 學習，不要沒原因地去做編程、沒原因地去做機械人、沒原因地去做工程師；工程能力是學生較弱的一環；學生表示對 STEM 人士欠缺認識，學校若能提供學生更多體驗 STEM 工作的機會，會令學生對 STEM 人士的認識有所提升。收集的研究數據還提供了以下各方面的探討：STEM 資本、學校 STEM 教育的成果、對 STEM 人士的觀感、家長的期望、學生的社會認同感等等。香港是一個比較特別的地方，學生對香港或對國家的社會認同感，都影響他們對 STEM 的抱負。

---

22 Chen, Y., Chiu, W. K. S., Zhu, J. & So, W. M. W. (2022). Maintaining secondary school students' STEM career aspirations: the role of perceived parental expectations, self-efficacy, and cultural capital. *International Journal of Science Education*. doi: 10.1080/09500693.2022.2032 463.

七、STEM 教育的發展方向

對於 STEM 教育的發展方向，有很多不同的討論，學校可以從「知識」、「技能」和「態度」三個方向探討。知識就是要有知識階梯，在中、小學階段，學生不需要學習過於深奧的知識，宜按部就班，可以着重不同學科內容的綜合性或是學習策略的綜合性。技能方面，可以考慮如何令學生實踐技能及訓練思維能力，例如創新思維、設計思維和計算思維等。在態度方面，STEM 職業抱負和情意素養都不容忽視。

STEM 教育的重要性，好比幹細胞（Stem Cell），裝備學生未來在不同領域的發展；又好比一棵樹的樹幹（Tree Stem），能孕育出眾多 STEM 專業人士。在中、小學的 STEM 教育中，教育工作者的角色是甚麼呢？就是要穩固地把 STEM 的知識和技能扎根在基礎教育中，然後令部分熱衷 STEM 的學生成為專業人士，貢獻社會及國家。

精華片段回顧

從 STEM 中尋找樂趣
—— 香海正覺蓮社佛教黃藻森學校

徐劍校長

香海正覺蓮社佛教黃藻森學校校長。

　　各位現場和網上的校長、老師，大家好，謝謝中華書局及中華教育文化交流基金會邀請我們參與這次的分享會。上半場聽到蘇教授的分享，我們都上了很寶貴的一課。蘇教授讓我們在理論層面上了解更多 STEM 的發展內容，而我就會分享一些我們校內這幾年在 STEM 教育上的工作。

　　當 2015 年教育局開始推行 STEM 教育時，一開始老師們並不知道究竟要做些甚麼及如何着手。當時我讓我的同事儘量去嘗試，也添置了很多不同形式的 STEM 產品去試教，希望慢慢找出發展 STEM 教育的路向。

　　後來，學校成立了 STEM 教學核心小組，並構思以校本課程的形式發展 STEM 教學。正如蘇教授所講，STEM 並不是科目，但它可以配合其他課程來進行校本課程設計，所以我們就開始以常識科作切入點，看看常識科怎樣與 STEM 教育配合。我很多謝我的同事，他們花了很多時間，將每個年級的常識教學單元整合，再在每個教學單元中設計一個和 STEM 相關的教學活動。在教完常識單元後，就會進行相關的 STEM 教學活動，鞏固所學。大家可以參考以下的圖表。

常識科：STEM 專題研習活動

年級	STEM 研習活動主題	常識科學習單元
一年級	家務助理機械人	溫暖的家
二年級	自製磁浮列車	齊來玩玩具
三年級	氣球動力車	便利的生活
四年級	自製濾水器	水的世界
五年級	閉合電路小玩意	電的探究
六年級	K–Nex 反斗樂園工程師	機械與生活

我們在常識科裏增加了教節，每星期加多了一節常識課，方便老師進行 STEM 教學。我非常感謝我的同事，設計了這些相應的常識科 STEM 教材出來，而每個教學活動都需要四至六個教節來進行，這算是我校向 STEM 教育邁出的第一步。

另一方面，我覺得學校亦應該在資源上給予老師們不同的支援，所以我們設立了常識室 —— 一個方便常識科進行 STEM 教學的教室。同時，在器材和印刷教材上也提供支援，讓老師們放心去教。例如一年級的主題是製作一個用來掃地的家務助理機械人，過程很簡單，但能讓年紀這麼小的同學知道原來他們都可以分擔家務，幫父母掃掃地，很有趣，亦很實用。高年級同學就會製作一些難度高一點的成品，例如自製濾水器、設計閉合電路。因為高年級在常識科都會教授一些與科學相關的課題，所以就會有製作科普作品的項目。

以上這些 STEM 教學單元主要會在上學期進行，下學期我們則會進行常識科戶外學習，再加上專題研習的活動。這些參觀或專題研習亦會與 STEM 教育有關，例如去太空館或一些和環保、科學有關的場館，還有濕地公園等。同學在上學期及下學期都會接觸到這些 STEM 教學單元，培養他們對 STEM 學習的興趣。

常識科：專題研習活動

年級	專題研習活動主題	戶外學習活動地點
一年級	認識香港動植物	香港動植物公園
二年級	小記者遊社區	消防局
三年級	香港名勝好去處	金紫荊廣場
四年級	生物保育區逐個捉	濕地公園
五年級	太空探索	香港太空館
六年級	綠色科技	零碳天地

　　剛才我們講到，黃藻森學校的老師都會試用不同的 STEM 產品，後來我們發現樂高教育（LEGO Education）的 STEM 教件非常適合用來教導我們的學生。樂高積木相信大家都認識，樂高教育的教件除了需要砌積木外，附上的電子配件還可配合 iPad 以編程方式控制砌出來的積木做出不同的反應或動作。老師們再次進行校本課程設計，亦由常識科入手，將一至六年級常識科中與 STEM 有關的科學、科技、工程、數學四個元素融入其中，設計出一套適合我們學生的樂高 STEM 校本課程，配合教案及自製教科書，去推動同學學習。

主題式學習

跨學科 LEGO STEM 課程

年級	活動	常識科	STEM 綜合及應用元素			
			S 科學	T 科技	E 工程	M 數學
一年級	校園升降機	第一冊 我們的學校	升降機的用途/原理	·認識橡皮圈的作用與特性 ·認識不同的升降機	·利用 LEGO Early Simple Machines Set 動手製作	·1N1 20 以內的數 ·1N2 基本加法和減法 ·1S2 平面圖形
	玩具人偶	第二冊 認識自己	認識身體四肢			
	跳躍的草蜢	第三冊 公園裏的動物	了解草蜢跳躍的原理			

年級	活動	常識科	STEM 綜合及應用元素			
			S 科學	T 科技	E 工程	M 數學
二年級	電動Milo車	第二冊遊戲多樂趣電動玩具	·電動玩具原理 ·操作電動玩具及使用電池的方法	·程式編寫 ·系統測試及改良	·動手製作Milo車 ·連接及裝嵌組件	·2M1 長度和距離 ·2S1 四個方向
三年級	極速賽車	第二冊走進新生活交通工具	·交通工具的演變 ·輪帶組合與車速的關係	·程式編寫 ·系統測試及改良 ·感應器的基本原理	·動手製作極速賽車 ·連接組件、裝嵌感應器	·3N2 加與減 ·3M2 時間（三）
四年級	防震的房屋	第一冊奇妙的世界多變的地球——地震	·地殼移動 ·減低天災的威脅 ·抗震房屋結構	·程式編寫 ·系統測試及改良 ·感應器的基本原理	·連接及裝嵌組件 ·動手製作地震模擬裝置	·4M2 面積（一） ·4S3 對稱
五年級	星球探測車	第六冊太陽系的探索我們的宇宙	·太空資源探索 ·登月科學與限制 ·辨別恆星、行星和衛星	·程式編寫 ·系統測試及改良 ·感應器的基本原理	·動手製作探測車 ·連接組件、裝嵌感應器	·5S1 八個方向 ·5N4 小數（二）
六年級	工廠機械臂	第六冊科技天地機械與生活	·力與運動 ·簡單機械 ·能量的轉換 ·科技改善生活	·程式編寫 ·系統測試及改良 ·感應器的基本原理	·動手製作機械臂 ·連接組件、裝嵌感應器	·6N2 小數（五） ·6S2 圓

　　學校為了支援老師的樂高教學設計，向「優質教育基金」提交了一個計劃，得到資金設立了一間樂高創意教室（LEGO STEM Lab），同時亦購入了不同類型及充足的 LEGO Education 教件讓老師及同學使用。例如一年級會使用 LEGO 的 Early Simple Machines Set 套件，二、三、四年級會使用 WeDo 2.0，而五、六年級則使用了 EV3 套件。在老師的專業設計、學校的大力支持下，這套 LEGO STEM 教材已在黃藻森學校使用了幾年，同學

都很熱愛及投入 LEGO STEM 課堂，取得了一定的教學效果，亦推動了學校的 STEM 學習氣氛。

我簡單介紹一下我們這套 LEGO STEM 課程。在這套課程裏，我們會教一年級的同學設計一個簡單的升降機；二、三年級的設計都和車子有關，小朋友最喜歡車了，所以十分投入；四年級是製作地震模擬器；五年級是星球探測車；六年級是機械臂。這些 LEGO STEM 課堂每年級都會有大概四至六個教節，所以我們的同學經常有機會接觸 STEM，埋下了一些 STEM 的種子在小朋友的心裏。我們的校本 LEGO STEM 課程是全校每一位同學都會參與到的，同學在這些課堂很投入、積極、開心，相信可以提高同學將來對科普、電腦、機械的興趣。

另外，黃藻森學校亦設有每星期一教節的電腦課。我們有比較悠久的電腦科發展歷史，是早期的資訊科技教育先導學校之一。早年的電腦課堂會教學生使用視窗 (MS Windows)，低年級教小畫家 (MS Paint)，高年級就教他們使用微軟辦公室軟件 (MS Office)、上網、寫網頁等等。但這幾年電腦科的課程一直在轉變，多加了更多網上應用、編程等的教學內容，越來越接近 STEM 教育。

所以現在的電腦科，在初小已教授一些有編程元素的課題，例如 ScratchJr 和 Code.org，發展學生的邏輯思維及解難能力。另外亦會教導學生使用編寫程式軟件 Scratch 製作動畫和遊戲，最後更能把程式實體化，輸出到 MBot 電腦機械車並運行出來，藉此培養學生的創造力和解難能力。高小電腦課程更會教授學生使用高階的編寫程式軟件，例如 3D 立體幾何圖形設計軟件 Tinkercad，學生利用 3D 模型設計軟件發揮創意，繪畫並製作獨一無二的 3D 立體模型，並把作品打印成立體實物，將創意和科技融入生活當中。我們亦會尋找坊間的其他資源，例如百仁基金提供 Micro:bit 器材給我們使用，我們將 Micro:bit 教學放在高年級的電腦課程裏面，學生的反應很好。

我們學校也設立了 STEM Day，每年下學期期末考後，我們每天都會舉行不同的學習日，其中一天就是 STEM Day。我們設計了六個不同的 STEM 活動給全校各年級的同學參與，科目也好，STEM Day 也好，相輔相成，全校一致地推行 STEM 教育。而 STEM Day 每年的主題都會更改，不會令學生覺得沉悶，學校推廣 STEM 的氣氛也能一直維持。

STEM Day

年級	活動
一年級	魔法幻影
二年級	Air Block 快速體驗
三年級	光碟動力車比賽
四年級	自製降落傘比賽
五年級	自製陀螺比賽
六年級	K-Nex 自製運水車

我們也會以全方位的方式在校內推廣 STEM 教育，例如疫情前，我們的境外交流會用 STEM 作為其中一個主題元素。我們會特地去找當地與 STEM 教育有關的工作坊，或者一些短期課程給同學參與。例如新加坡的交流團中，我們讓同學參加 Formula 1 in School Program。大家知道新加坡是一級方程式賽車的其中一站，所以他們有這個課程，而香港是沒有的。參加的同學會得到一架用水松木做的車，他們稱之為「一級方程式賽車」，同學們要打磨、上色，再配上車輪、設計賽車，整個課程要兩天時間，第二天便可以比賽。課程與摩擦力、空氣動力學的課題有關，是利用空氣壓縮的方法去推動車子，速度非常快。整個課程寓教於樂，連接到 STEM 課程之餘，亦令同學玩得非常開心。

另一個新加坡科學館的 DNA Workshop 也十分特別，同學分組參加，每一組同學會模擬一個不同的情景。舉例來說，其中一組是研究食物中毒，同學就要分析得到的資料、數據，工作坊還特別教大家 DNA 是甚麼，然後

讓同學去找出食物中毒的原因，像破案般找出元兇是誰。

綜合以上多項，其實 STEM 教育是蘊藏着很多樂趣的。我們會讓同學參與不同的比賽，當然亦要多謝帶隊比賽的老師。最值得一提的是 First LEGO League Junior 的比賽，我們連續四年都得到大獎。早兩年沒有疫情時，我們都可以代表香港去美國參加全球性的 LEGO 比賽，每年比賽都有不同的主題。可以代表香港去參加國際性賽事，同學們都很興奮。期望疫情儘快完結，我們可以繼續境外遊學或者參與一些國際比賽，將歡樂帶給我們的同學。

最後總結一下，正如我開始時所說的，我們都是多嘗試，按部就班、循序漸進去發展 STEM 教育，然後選定自己的發展方向，例如我們學校的常識科 STEM 校本課程、LEGO 的 STEM 校本課程，並分層次去執行，儘量追求完美，希望在 STEM 裏面尋找到樂趣給同學，甚至給老師。整個推行過程都是開心的，因為看見同學能真正學習到 STEM 的知識，並投入在課程當中。

精華片段回顧

從 STEM 中尋找樂趣
── 九龍婦女福利會李炳紀念學校

林嘉康校長

九龍婦女福利會李炳紀念學校校長。

一、在李炳學校推行 STEM 教育的由來

　　STEM 教育的名稱可追溯到 2015 年，當時教育局開始推行 STEM 教育，向全港每所小學撥出十萬元，至於如何使用及推行模式等問題則由學校自行決定。因此，不少坊間的資訊科技教育機構均即時推出不少與 STEM 有關的項目及活動。恰巧，於 2016 年 5 月，本人參加了由教育局主辦的小學校長領導課程，當中包括到北京參觀 STEM 教育的發展。整個旅程令我印象最深刻的是清華大學為推行 STEM 教育所建立的「羣體創新空間」。他們推行的 CAME（Computer Aided Manufacturing for Education）課程，以平板（包括木板／亞加力板）為主要材料，配合電子材料，降低了學習難度，但又能做出三維作品，真正體現了學生的創意。正正是以上的原因，吸引了我依據 CAME 的方向在李炳學校推行 STEM 教育。

二、為推行 STEM 教育定位

　　推行 STEM 教育的模式有很多，既然如此，我們必須為推行 STEM 教育定位。經討論後，我們認為 STEM 教育其實是希望幫助學生擺脫只讀書卻無法動手的現象，將創客文化與教育結合，基於學生興趣，以專題學習的方式，使用隨手可得的不同工具及材料，再配合傳統與先進的設備，藉此來培養學生跨學科解決問題能力、團隊協作能力和創新能力的一種素質教育。學

生可以隨時就生活及個人的需要，即時在電腦前設計，然後拿起一些工具或使用一些設備做後期製作，最後成功解決問題。基於以上的原因，我們決定以鐳射切割機作為初期主要推行 STEM 教育的工具，配合不同的多學科及跨學科的課程，加上一些提升教師及學生對 STEM 教育興趣的策略，為學校推行 STEM 教育作定位。

在李炳學校內，STEM 分別是 Science discovery（科學探索）、Technology application（科技應用）、Engineer process（工程工序）、Mathematics analysis（數學分析），讓學生學會運用科學與邏輯來解決問題。當中，允許學生在錯誤中學習，可以不斷地邊試驗邊修改，訓練學生的邏輯思維及空間感。

三、李炳學校推行 STEM 教育的計劃

「工欲善其事，必先利其器」，為了實踐 CAME 課程的理念，首要的工作是運用了七萬多元買了一部鐳射切割機，然後利用了暑假的時間作教師培訓，學習如何操作鐳射切割機。由於是首年推行 STEM 教育的關係，因此，目標主要以加強教師的信心及培養學生興趣為大前提。有關計劃如下：

1. 成立 STEM 小組，並進行校本教師培訓
- 舉辦教師工作坊，從基本按鍵開始講解
- 使用一小部分的按鍵以製作作品，讓老師熟習

2. 與課程連繫的方法（一）── 多學科整合（專題研習）
多學科整合的意思是指帶有「學科痕跡」的學科之間學習內容、學習方式以及學習結果等方面的綜合，以學科課堂為主陣地。因此，我們在 2016 至 2019 期間，透過上下學期開始時的跨科備課會議，商討出一個共同主題來進行由幾個學科組成的專題研習，並以循序漸進的方式將 STEM 元素滲入各學科內，安排如下：

- 小五常識科、數學科及視藝科（2016/17 年度）
- 小五及小六常識科、數學科及視藝科（2016/17、2017/18 年度）
- 小四至小六常識科、數學科及視藝科（2016/17、2017/18、2018/19 年度）
- 小三至小六在電腦科加入編程課程（2016/17、2017/18、2018/19 年度）

3. 與課程連繫的方法（二）—— 跨學科整合（STEM 日／全方位學習日）

跨學科整合是指超越學科界限，以來自真實生活中的科學科技問題融入學生對社會、政策、經濟、國際關係以及環境等問題的學習。因此，本校會利用一連五天的全方位學習日，由教師親自設計與 STEM 有關的課程，當中會利用到「RCT 設計方程」及「設計思維」（Design Thinking）的理念去引導學生思考，務求讓學生主導自己的學習，提升學習動機。在 2016 至 2019 有關 STEM 的全方位學習日安排如下：

- 2016/17 年度：活學 STEAM 活在 TEAMS 之決戰李炳三道館（https://youtu.be/V9v3OhqJ3N4）
- 2017/18 年度：I+（https://youtu.be/frKN3OjU58U）
- 2018/19 年度：I+ 之古今創奇職（https://youtu.be/4B0auYs3Wno）

4. 其他推行方法 —— 環境佈置及紀念品製作

要令 STEM 變得日常化及普及化，我校刻意把具 STEM 元素的學生作品作校園佈置、學生名牌、嘉賓紀念品、邀請卡、校友會活動等。此舉既可讓學生感覺到 STEM 的用途不只局限在比賽上；亦能為學校製作一些獨特的物品，增添了不少吸引力及話題。

5. 其他推行方法 —— 校外比賽（學生版）

當學生在全方位學習日製作出一些優秀的 STEM 作品後，我們便安排相關學生在教師帶領下參加一些坊間的 STEM 比賽，學生透過與不同學校

學生的比賽較量及評判提問，既可擴闊他們對 STEM 的視野，亦能增強他們對 STEM 學習的自信。

6. 其他推行方法 —— 校外比賽（教師版）

　　在推行 STEM 教育中，教師扮演着一個相當重要的角色。教師如何有信心地帶領學生去進行 STEM 學習？關鍵是在於如何有計劃地去建構教師對 STEM 教學的認知。因此，學校在發展 STEM 教學的初期，會積極參與一些由教育局及大專院校所舉辦的校外支援計劃，透過專家的引導、參與學校的互相觀摩、同儕間的討論等，強化教師對 STEM 教學的認知，同時亦為學校推行 STEM 學習作一個定位。另外，當「推行的信心」建立後，便要進入「鞏固階段」。我們會積極鼓勵學校的 STEM 團隊以個人、小組或學校名義去報名參加比賽，令他們的努力透過比賽得到認同，從而在推行 STEM 教育上的信心得到強化。

四、總結

　　當你相信 STEM 教育是能幫助學生擺脫只讀書卻無法動手的現象；當你相信 STEM 教育是創客文化與教育的結合，基於學生興趣，以專題學習的方式，使用不同的工具及設備，藉此來培養跨學科解決問題能力、團隊協作能力和創新能力的一種素質教育；當你見到世界各地推行 STEM 教育已進入一個如火如荼的階段。作為校長，必須重視這個趨勢，同時亦需為 STEM 教育按校本情況定下計劃、選定方向、分階段分層次地執行，務求令教師及學生在 STEM 中尋找樂趣。

精華片段回顧

理財？還是理才？
—— 理財教育 Part 1

謝汝康先生（下稱：謝）

香港財務策劃師學會主席；油蔴地天主教小學（海泓道）校友校董；澳洲麥考瑞大學應用金融中心榮譽院士；香港恒生大學 ESG 研究中心外部顧問；建造業議會投資專責小組成員。

陳淑儀校長（下稱：陳）

油蔴地天主教小學（海泓道）校長，香港資助小學校長會副主席。

陳：多謝中華書局邀請我們兩位分享，我是油蔴地天主教小學（海泓道）陳淑儀校長，在我身旁是我們的校友，謝汝康先生，謝先生不單是我們的校友，還有很多不同的身份，不能盡錄，關於理財方面，他是香港財務策劃師學會主席及現任董事。在此，母校都特別感謝這位校友，其實我們學校實踐理財教育與謝校友有很大關係，還記得你之前跟我說過甚麼嗎？

謝：其實應該倒過來說，有一日在學校網站見到校長每月的分享（名為「校長心語」），其中有一次提到關於理財的部分 —— 在農曆年後教導學生怎樣處理「利是錢」，養成良好的消費及儲蓄習慣，為將來生活作準備。我發覺原來學校都有興趣研究開展理財教育。及後亦與你討論若學校有興趣在校內推展有關小學生理財教育的課程及工作坊，校董會都會給予大力支持。

陳：其實謝校友之前亦是母校校董之一，對於教育都非常支持。過程當中透過傾談，了解到香港小朋友生活都頗為富裕，但如何處理財務、如何理財呢？似乎家長和小朋友都不太清晰。很多時候和家長討論理財的時候，家長都會認為小朋友年紀還小仍未有這個需要，因為他們不會給子女「零用錢」，子女只是用八達通，還未需要理財。但我們作為教育工作者知道，多數的習慣是需要從小培養的，而且小朋友對於錢幣的認識及金錢的價值非常薄弱，尤其是我們經常發現在操場上，有很多小朋友遺留的不同物品，當中包括他們的外套、衣服、錢包等等，發現原來他們都不太懂得珍惜所擁有的物件，很多時候都有隨處擺放的情況。於是我們就開始思考，其實是否應該從小培養他們的理財觀念呢？

謝：其實小朋友的思想最簡單，因為他們不單認為錢財是身外物，對他們來說所有物質都是身外物。很多家長，包括我自己，基本上都認為與教育有關的事，都應該交由學校、校長或老師作指導。但理財教育就是不一樣的！今日希望透過簡短的分享，從一個理財業及教育專業人員的角度出發，幫助學校啟動理財教育，希望讓每一位教育界的行政人員、老師，都能取得一個開展理財教育的方向，其實理財教育有一個很重要的基石，就是家長們及教育工作者作為教育持份者的理財價值觀。價值觀背後並不只是為了教導孩子作精明理財決定；某程度上，是建基於社會、家庭及個人的道德觀點。所有的價值觀元素都會融入到整個理財教育框架及相關內容。今天主題分成兩部分，一部分會與大家講解理財教育的形成、演變及歷史因素，究竟香港要推行理財教育，有甚麼組件需要預備呢？明白箇中道理後，實際上當一間學校接收到這些資訊和框架的時候，如何在校內落實推展理財教育呢？陳校長今日就會與大家分享她以往的經驗，包括從開始與學校老師磋商、在校董會上介紹、向家長方面推廣、直到落實，在過程上遇到甚麼困難。

在第一部分，我想利用以下五條頗有趣的理財題目做一個特別的開場，

希望大家能對每條題目作自我反思與價值判斷。作為傳統的香港家長或教師，我們對理財的觀念是否正確，香港人根深蒂固的理財觀念是否只是耳濡目染？是的話，影響就非常深遠了！透過這五條題目，我們可以反思個人的理財觀念是否先入為主、主觀判斷、不合時宜，或不能應用在今天的情景，從而去找出一個正確的理財價值教育方向，而不是以「填鴨式教育」給予一個標準框架便了事。

理財挑戰題：問題一

你認為成為富裕人士最重要的因素何在？

甲、家庭經濟背景

乙、理財知識及能力

丙、理財態度

丁、理財行為／動機

謝：我列出了四大主流觀點，你會發現在傳統觀念下，很快在腦海裏會出現第一個答案，當然是「甲、家庭經濟背景」，這是富裕人士一個「贏在起跑線」的因素。但為何我會提出乙、丙、丁的觀點呢？當然是有原因的：例如「乙、理財知識及能力」越高會否提高成為富裕人士的機率呢？另外就是「丙、理財態度」，究竟你的金錢價值觀及態度是否正確呢？傳統教學模式以「填鴨式教育」培養出來的精英（他們在傳統上被定義為「書蟲」），他們從書本中獲得非常豐富的硬知識，知識層面多建基於理論；他們是否可以將知識實踐在現實生活從而改變世界呢？其實，成功理財的關鍵在於「丁、理財行為／動機」。就算擁有一個非常完美的理財計劃、擁有非常豐厚的財務資源及相關知識，沒有實踐的動機都是空談。所以以上這四個觀點，根據相關研究，其重要性依次序為丁、丙、乙、甲，而不是甲、乙、丙、丁。這與我們傳統觀念，即由社會、媒體、父母及老師灌輸的觀念有些出入。這說明我們應該有獨立的思維，凡事都不要只盲從主流觀念。

理財挑戰題：問題二

在經歷 1997 年亞洲金融風暴及 2008 年環球金融海嘯，很多香港人面對財政問題，出現債務重組及破產個案。你認為哪類人面對以上的風險最高？

甲、低收入

乙、理財知識較弱

丙、沒有理財紀律

丁、缺乏責任的消費態度

謝：1997 年的亞洲金融風暴導致很多亞洲貨幣下跌，令香港人多了到亞洲地區外遊。因為我們可以以相同價值的港幣兌換更多其他亞洲地區的貨幣，增加了購買力；2008 年就是環球金融海嘯，這兩件重大的金融事件導致很多香港人遇到投資虧損及債務問題。有人認為不參與股市、外匯便沒有影響。其實，金融市場表現與經濟活動脣齒相依，經濟活動放緩對個人及家庭的財務狀況亦有直接影響。

我在 2008 年出席了幾個由社福團體舉辦的有關債務重組的講座，目標是協助一羣在金融風暴遇到財務困難的人。當時，出席這類公眾講座的人數眾多，經常座無虛席。

哪類人面對債務危機的機會最大呢？究竟是「甲、低收入」、是「乙、理財知識較弱」、「丙、沒有理財紀律」，還是「丁、缺乏責任的消費態度」，即沒有足夠收入償還借貸去支持消費的人士？

最初我預計遇到債務危機的多是來自低收入家庭，但是經過與主辦單位及與會者傾談後，發現求助人士背景與我想像的不一樣。他們原來很多都擁有一份穩定的工作，甚至在大眾心目中認為是崇高的職業，看來債務危機與收入是沒有直接關係的。

最後我與主辦的社福機構對我們的觀察做了一些總結。原來債務問題反映了幾個現象，包括借貸人的理財能力不足、沒有足夠理財紀律及不負責任的消費態度。與社福機構理財輔導社工作進一步了解後，得知有很多求助人理財紀律記錄不良。他們一般都沒有為每月作收入支出預算，更沒有養成紀律性儲蓄的習慣（即每月作定期定額儲蓄）及經常倚賴借貸支持衝動消費。就算有所謂「儲蓄」，也只是每月薪金扣除所有開支剩下來的銀行結餘；其實這個觀念實屬「剩錢」，不是「儲錢」。理財輔導社工已積極向求助人灌輸正確的理財觀念及如何避免債台高築影響個人及家庭生活，例如教導求助人奉行「先儲蓄，後消費」的生活習慣。每人都應該為個人或家庭的將來定立一些理財目標，在獲得每月薪金後即時作定期定額撥備作儲蓄，剩下來的薪金作開支預算。這個積穀防饑的儲蓄模式能減低我們面對債務危機的風險。

另外分享一個有關負責任消費態度的例子。2008 年之後，環球金融海嘯衍生出金融機構的銷售操守問題。有為數不少的金融機構客戶為其在金融風暴期間購買而又出現虧損的投資產品作出投訴。當中有部分投訴個案涉及金融機構對特定客戶的不良銷售手法，例如投資風險披露不足，但亦不難發現部分投訴個案不太合理。我見過一些投訴人年紀不大，擁有專業背景及多年投資經驗，亦聲稱在銷售期間被金融機構成功誤導或在銷售過程中作了不知情的決定為由作出投訴，當中亦涉及在社會有名望的人士。作為一個對理財負責任的消費者，應該要承擔個人所作出的理財決定。我們不能完全否定有少量投訴人只是為了逃避履行責任面對投資虧損而作出無理投訴。所以個人理財態度比其知識能力及財富水平更重要，這就導出了今日我們分享的主題方向。

理財挑戰題：問題三

你認為缺乏金融能力及知識最終會導致以下哪個層面的問題？

甲、個人層面

乙、家庭層面

丙、社會層面

丁、國家層面

謝：大家可能會懷疑為何個人的理財能力會導致國家層面的問題那麼嚴重。我們學會過往支援不同的社福機構推動理財教育，發現本地很多需要社工處理的家庭個案中，大概一半個案都間接與家庭財務狀況有關，例如低收入、高負債、賭博問題、入不敷支。任何家庭當遇到財務困難，就會形成很多連帶問題。個人層面財務問題連帶的家庭問題，最終需要社會資源協助，而日積月累的社福資源預算亦影響到國家層面作公共政策資源分佈的預算，最終導致社會服務質素下降。舉例說，政府沒有能力增加撥款作支援老年人口或公共衛生之用。

若果政府不能處理長年累月的家庭問題，最終都會變成社會層面的問題。有見及此，有很多發達國家已制定或決定推展全民理財教育。理財教育絕對不是一個教育政策，更加不是一個金融行業政策。很多正在推展理財教育的國家已經制定國家層面的理財教育政策，從中我們可以看到其重要性。

理財挑戰題：問題四

你認為哪類國家最有迫切性推行理財教育？

甲、人民消費主導

乙、人口老化

丙、中產階層冒起

丁、國民教育水平高

謝：哪類國家有迫切性要推行理財教育呢？在不同文化衍生的價值觀，我們看到東方與西方的兩極觀念。亞洲人較喜愛儲蓄，國民儲蓄率非常高，他們認為節儉就是美德，很多時候是盲目儲蓄（即儲蓄不是為了達到某些理財目標）。為了提供較佳的營商環境，普遍亞洲政府實行低稅率政策導致國家不能提供豐厚的退休福利給國民。反觀，西方人較着重享樂主義，本土經濟主要都是以國民消費拉動，他們亦不介意增加借貸來支持個人及家庭消費，國民儲蓄率普遍較低；國家為了提供足夠的退休福利，普遍向國民納重稅。

亞洲人常見的財務問題是甚麼？因為高儲蓄率及需要自行安排退休儲備，經常為閒餘資金尋找回報。在過往十年，大部分貨幣的存款利率都處於非常低的水平，導致大量亞洲國民（尤其準退休人士）投資不同的金融產品。國民在缺乏足夠的金融產品知識及理財能力下，往往導致不少的投資虧損事件或出現一些逃避履行責任的行為。

究竟我們應該灌輸哪一套理財觀念給子女呢，東方或西方？在不同地方成長及不同國家的政策下，答案大不同。在耳濡目染之下會影響到國民的價值觀。所以我們亦無需對不同國家的財務狀況及理財模式評頭品足。舉例，香港有為數不少的「打工仔」因沒有作稅務預算，每年都需要向銀行安排稅務貸款繳交稅項。為何這些情況在西方沒有出現呢？這是因政府財政政策運作的不同，很多西方政府奉行預扣稅安排，即在僱主發薪金之前，已替僱員繳交稅款給政府，所以僱員無需自行作繳稅預算。

我經常聽到很多亞洲地區評論員對西方國家的負債情況及其可持續發展表示憂慮，或以這觀點預測國家未來的穩定性。在沒有分享共同價值觀的前提下，這些批評是沒有意義的。

最成功的理財教育政策應該考慮到香港的國際性文化及特殊經濟環境，

例如低稅率政策，在沒有太多的公共福利前提下，市民需要自行安排及作出較多的理財決策。相關的理財教育政策亦涵蓋灌輸多種金融產品知識、訂立正確的理財價值觀、比較不同投資回報的能力、培養理財紀律、作人生規劃的預算及建立負責任的消費態度等。

謝：所以，擁有以上四個特徵的國家都有迫切性推展理財教育。第一，一個以人民消費主導的國家，理財教育的迫切性在於灌輸正確的價值觀。要分辨「需要」及「想要」、應花則花、貨比三家、量入為出，不應過度倚賴借貸支持無窮無盡的消費慾望，並提高儲蓄水平儲備「應急錢」。

第二，對於人口老化的國家，金融市場消費者主要是銀髮一族，為了保障年長投資者，理財教育的迫切性應着眼於金融產品銷售保障及披露、如何作退休資金管理及制定退休預算來支持退休生活至晚年、安排資產傳承等。

第三，就是中產階層冒起的國家（例如中國）。在大部分發展中國家，日漸增加的中產階層就是穩定國家經濟及政治的支柱。所以我們見證中國經濟穩定增長及日趨穩定。中產冒起的國家對改善生活質素的需求非常殷切，所以其理財教育的迫切性在於灌輸國民一個負責任的消費模式及正確的金錢價值觀。物質不但能改善個人及家庭生活質素，有效作出資源分配及制定國家未來預算，更能為社會帶來可持續發展及提振經濟的作用，從而減少貧富懸殊的情況，穩定國家（就像中國所提倡的「共同富裕」政策）。

不同的國家有不同的發展步伐。例如，香港現正處於中產階層萎縮的階段，即貧富懸殊的情況日益嚴重。相對富裕的人較受惠於經濟繁榮及資產價格上漲（大多數較富裕人士都擁有物業，享受較大財富效應），另一羣就算擁有高收入但沒擁有物業的中產人士，其財富跟不上物業價格多年上升所帶來的財富效應，令到香港中產走向兩極化。

最後就是國民教育水平較高的國家，推展理財教育有關理財能力及知識的部分較容易，有關政策最終都要根據當地文化及金錢價值觀而定，從而改善理財態度及動機。

理財挑戰題：問題五

你認為推行理財教育最好覆蓋哪個年齡階層？
甲、3 － 5 歲
乙、6 － 17 歲
丙、18 － 65 歲
丁、65 歲以上

謝：由兒童進入學校體系的 3 歲，到退休年齡的 65 歲，其實在每一個人生階段都有一些基本的理財知識及態度要求。

剛才陳校長所分享的經驗，提及現今小學生不懂珍惜他們所擁有的物品，可能得來太易了。鉛筆沒有了、橡皮擦沒有了，父母就會源源不絕地給他們添置所需。所以，他們未必明白物質是用金錢換取的，金錢是用勞力換取的道理。

對於生活無憂的年輕一代，要令他們明白快樂不只是建基於物質生活是不容易的。但金錢真的會帶來快樂嗎？我經常說一個笑話，我們年輕的時候用盡畢生精力為了換取金錢作退休儲備，但是當我們退休的時候，用盡畢生精力賺回來的金錢都換不了健康。所以整個人生階段的理財教育能讓我們認清楚「金錢價值」的真面目。金錢價值在人生某些階段是重要的，但在某些階段已經不再重要。

其實，人生最重要的理財規劃就是制定退休後的預算開支及來源，讓退休後不用花精力作金錢管理。最快樂的退休後生活莫過於脫離做金錢的奴隸及擁有真正快樂。

謝：在 2021 年的「全球快樂指數」排名中，為何香港那麼富裕的地方只能在 149 個國家及地區中排名第 77 位？這個與香港的財富分佈有關。現在香港大部分的財富仍然由較年長的一輩持有。大部分已屆退休年齡，因為擁有大量財富，他們仍然需要積極管理或委託可信賴的人管理其財富。對於精神行為能力不佳的人來說，這不是一個快樂的優差。有見及此，香港是一個很獨特的地方，理財教育在年長階層需求非常高。教育內容應包括認識收息理財工具、識別投資風險、保障資本、防止電話騙案等。

其實人生每一階層都有它的理財需要，推展理財教育是一項全天候政策，由幼稚園階段到年長階段都有需要。對於 3 — 5 歲年齡層的理財教育，重點不在於金錢觀念，而是着眼於「擁有」的意義。小朋友很喜歡擁有一些物件，不容易割愛與朋友分享。其實需要「使用」一件物件又是否需要「擁有」它呢？理財教育方式主要透過情境遊戲或工作坊作出教導。讓我試舉一個生活例子，若小朋友想體驗打乒乓球的樂趣，我們是否需要為他即時添置球拍呢？是否可向朋友借用球拍，直至孩子真正有興趣繼續發展時才添置球拍呢？在我大學畢業的年代，很多讀工程的朋友都是在出席畢業禮當天租用西裝作拍照之用。因為他們預計在未來的工作都沒有太多機會穿西裝，所以他們不願購買西裝作一次性用途。

現在讓我與大家分享一下推展理財教育的一些歷史。每當我們提到理財教育的起源，我們不能不提 OECD（Organisation for Economic Co-operation and Development），即經濟合作與發展組織。OECD 是一個致力改善生活而建立的國際組織，它的使命是與政府、政策制定者及市民共同合作制定促進世界各地人民繁榮、平等、機會和福祉的政策。OECD 組織成員於 2002 年正式確認理財能力的重要性，並推出了一個獨特而全面的計劃。在 2008 年，透過成立一個國際理財教育網絡（INFE）進一步提升該計劃。OECD ／ INFE 的高層會員來自超過 120

個國家的 270 個公共組織，包括中央銀行、財政部門、教育部門等。成員每年會面兩次，分享國家及成員經驗、商討策略優先次序以及發展政策回應。香港、內地、新加坡雖未有加入，但都有參與他們所舉辦的教育聯網，因為大家都有共同目的，可互相學習。

謝：OECD 確認了理財為國家層面教育。有研究指，至 2013 年全球有 50 個國家已制定理財教育的策略，並向全國推廣，如英國、日本、澳洲、新加坡、巴西等。亞洲地區目前可能只得日本已推行校本的理財教育，新加坡、台灣等尚未有全面落實校本理財教育，大陸和香港相對落後。在香港，要在緊密的課程中加插理財教育絕對是一件不容易的事。

OECD 指出，理財教育並沒有一個特定的模式，而且不同國家的實際經濟與社會狀況各異，適合西方的理財教育方案不一定適合我們。

從行為經濟學上理解，這或許是受環境影響，若能營造一種社會氛圍，對改變人們的行為，也許更為奏效。換句話說，若理財變成了教育的一部分，成為生活上的一個習慣，長遠來說大眾會有更好的管理能力，有助實現退休規劃。

OECD 在 80 年代已倡議理財教育推展越早越好。擁有良好理財知識及培養兒童良好理財行為與態度，對比沒有接受理財教育，他們成年後有正面的影響，包括正向價值觀、和諧的家庭關係、更穩健的經濟狀況。

那麼，在沒有經歷正統的理財教育下，究竟現時香港人的理財知識能力及態度是甚麼水平呢？投資者及理財教育委員會（投委會）2020 年 6 月公佈，根據 OECD／INFE 一項橫跨 26 個國家及經濟體的國際性調查，香港在理財知識和能力排名第 1 位，但其行為和態度排名分別為第 6 位和第 14 位。正如我之前所說，香港人透過填鴨式教育制度已經有效獲得豐富的硬知識，但是這種教育方式沒有改變人民的行為及心態。

當社會焦點集中於人口老化趨勢，改善退休保障問題，若能從根本着手，由年輕人理財教育開始，讓大眾學懂如何訂立個人理財目標，定下長遠退休投資計劃，最重要的是建立正確的理財心態及積極動機，從而對未來社會發展帶來更大裨益。現時，香港社會已經承受了一些人民缺乏理財應有態度的後果。讓我分享五個香港人缺乏理財教育造成的社會現象：

一、政府提出為未來需要作出供款的安排都不會受到社會各界的支持；

二、相比其他公營貸款，大專生貸款質素令人關注。政府學生資助處大專生學生貸款拖欠還款個案數目每年均錄得過萬宗。

三、在公營房屋輪候冊中，近年來出現了一批新力軍，就是剛畢業的大學生。

四、香港人面對儲蓄率兩極及貧富懸殊的情況，相比其他年齡層（包括 X 世代、Y 世代、Z 世代、千禧世代），在嬰兒潮出生的人口擁有非常高的儲蓄，掌管香港大部分的財富；正如我先前提到，擁有較高理財需求的人沒有經歷正統理財教育（從而獲得正確的理財知識和能力、態度和動機）。

五、經歷 1997 年亞洲金融風暴及 2008 年環球金融海嘯，有眾多專業人士最終步向債務重組之路，當中不乏擁有高等學歷人士。

如果人民對社會、家庭、個人負責（無論是公民責任及消費者責任），以上情況應該都不會發生。

謝：要在教育機構內推展理財教育相關的組件，包括相關理財教育政策、知識架構、教材／教育計劃、導師、教學方法及時間。

投委會於「香港金融理財知識和能力策略 2015」中指出：

有關理財教育政策，香港首份「金融理財知識和能力策略」於2015年11月27日推出，為香港的理財教育發展暨立里程碑，並為針對香港理財教育需要而制訂的全港性推行措施奠下基礎。該策略旨在提高香港市民的金融理財知識和能力，透過尋求與社會上各持份者達致共同目標，在推行各項理財教育活動方面促進跨界別合作，藉着更佳的協調及集結力量，發揮協同效應，令資源可充分運用，從而擴闊及提升不同持份者提供理財教育活動的成效。該策略的願景、目標及策略重點，均獲得來自政府、金融、教育及社區界別的持份者認同，其中不少持份者成為該策略的支持機構。[1]

投委會同時在「理財能力架構」中指出：

　　理財能力架構闡述理財能力所涵蓋的範圍，包括知識、技能、態度、動機及行為多方面。此架構描述一個人在不同的人生階段中，應該擁有的理財能力。理財能力架構可供有意推展理財教育或於其服務中加入理財教育元素的各類型機構使用，例如政府單位、政策制定機構、非政府組織、金融機構及教育服務機構。由於此架構並非一個課程，亦不會規限任何理財教育方法，因此各機構可以專業角度判斷如何針對有關的能力作出跟進。各機構在閱讀理財能力架構後，可根據受眾於特定情況下的需要，選擇最合適的主題或能力，亦可用以設計新的個人理財單元或課程，或將部分概念融入現有的課程之中。隨着學童成長，發展出不同的理財行為。投委會制定「學童理財通識」列出了20項學童在不同年齡應有的理財表現，從而協助找出學童需要培養的良好理財習慣。[2]

1　投資者及理財教育委員會（2015）。「香港金融理財知識和能力策略2015」。取自 https://www.ifec.org.hk/web/tc/about-ifec/fls/about-fls/hksfl.page

2　投資者及理財教育委員會（2019）。「理財能力架構」。取自 https://www.ifec.org.hk/web/tc/about-ifec/fls/competency-frameworks.page

謝：有關理財教育的教材／教育計劃，我們會提倡公私營協作，即PPP（Private Public Partnerships）方案。香港有很多非牟利專業團體，包括「香港財務策劃師學會」（IFPHK）及社福機構，甚至是金融服務機構分別推出就年輕人理財教育的自學工具及教材。投委會作為一個官方機構，在「錢家有道」網站內網羅了社會上不同持份者的資源及制定了度身設計的教育計劃，以配合不同社羣（包括教育機構）的獨特需要和金融理財能力。「錢家有道」是獨立及持平公正的金融理財教育平台，免費提供相關的資訊、教育資源及計劃。 羅列出小學、中學及大學的相關理財教育材料，可供不同持份者使用。

「錢家有道」現時針對「小學生」而設的教學材料包括：小學「金錢管理」教學資源、小學理財大使計劃、「兒家」學理財親子工作坊、才德兼備理財學校計劃及《金錢應用數學》高小教學資源等。

作為先頭部隊之一的油蔴地天主教小學（海泓道）早前已參與才德兼備理財學校計劃，在下半場陳校長會詳細與大家分享參與這個計劃的經驗及感受。

投委會奉行共享經濟（Shared Economy）原則鼓勵共享資源，教師可在投委會網站登記後，下載部分理財教育的教學資源。此外，為了提供培訓導師資源（Train the Trainers），投委會與教育局合作推出一系列的培訓課程（導師為專業機構持份者代表）針對不同對象及主題需要。經培訓後的學員，可下載相關教育資源的課前閱讀資料、工作紙、投影片、課堂活動及教案。

投委會亦定期與教育局合辦一些理財教育導師的培訓工作坊。我之前亦有幸被邀請擔任網上培訓工作坊導師，與一批熱心理財教育的教育工作者講解理財知識。每次工作坊亦有邀請不同學校的理財教育老師分享在校內推展理財教育的成果。我還記得之前有一位非常熱心的老師為其校

內理財教育工作坊製作了幾段短片，相關劇本及演出全部由學生擔任；此外，該校亦自行創作了一套集體桌上遊戲。在工作坊中，有培訓學員向投委會詢問該集體桌上遊戲的相關工具能否與學員分享，這位老師二話不說即時答應，經投委會發放相關工作紙。他的熱誠及無私奉獻令我非常感動，不但鼓勵有志推動理財教育的工作者多作交流，也對本人繼續支持推動理財教育注入強心針。

謝：在不久的將來，我最希望看到我們能夠透過一個有效的跟進機制，記錄學員參與工作坊後作出階段性的理財行為或態度的改變，這才能夠給予理財教育導師寶貴的回饋意見。理財教育不只是一次性的工作坊，是需要在不同人生階段利用不同的教學方法及實驗場景改善理財動機及行為。

今天分享到這裏，希望日後再有機會與大家分享更多，多謝各位。

精華片段回顧

理財？還是理才？
—— 理財教育 Part 2

陳淑儀校長

油蔴地天主教小學（海泓道）校長，香港資助小學校長會副主席。

　　作為學校教育工作者，我們發現香港的下一代對於如何善用金錢或資源，以及一些相關的價值觀也好像未能掌握。小朋友在知識層面上都十分優越，但是在個人能力或是態度的培養上仍然有較大的改善空間，當我看到自己的小朋友使用金錢的情況就知道了。

　　我們的學校從去年開始參與香港中文大學的計劃，這個計劃是由投資者及理財教育委員會（投委會）資助的。今天我們希望在不同層面思考 —— 為何我們願意在學校開辦理財教育？首先，在社會和經濟發展方面，我認為在不同地方會有不同的做法，例如窮困、發展中和發展蓬勃的國家，都會有他們各自的做法。我們的小朋友在物質方面十分充裕，在香港會有一定程度的保障，即是近乎甚麼都不缺。經濟發達導致的一些問題是我們需要處理的。

　　同時，我們發現香港越來越多人使用電子錢包，最初期是八達通。當時八達通或是電子錢包都沒有詳細紀錄，後期才得以改善。有些小朋友使用八達通的時候，他們不知道自己到底付了多少金錢，沒法告知確實的價錢。他們在購買食物之前究竟有沒有看過或思考過價錢？還是認為拍了卡、付了錢就可以？其實電子貨幣的發展對於理財觀念會有一定影響，所以新一代對於金錢的概念相對較為薄弱。另一方面，理財和生活是息息相關的，同時影

響了小朋友的很多方面，跟他們的人生計劃也有一定的關連。我們希望從學校的課程上，以至於不同的地方嘗試落實和推廣理財教育。

我們的題目是「理財？還是理才？」「財」即是財富的意思，跟物質相關；另一個就是人才這個「才」。我們想表達的是，除了理財會聯想到金錢之外，其實金錢背後是換來了一些物質。物質背後，我們該如何管理？這個跟品德情意有莫大關係，同時與個人成長有很大的關連。在品德情意方面，我們可以怎樣互相促進和建立一些理財的素養，這個是非常重要的，例如：小朋友是否能夠自制？他是否精明地運用金錢？這方面也會牽涉個人誠信，例如：他是否一個誠實使用金錢的人？他會否欺騙別人？此外，他還需要有勤奮和自律的態度，因為儲蓄需要有一定的毅力，他對自己、家庭，甚至乎社會都有一定的責任，再說遠一些，對國家的責任他是否也應該要顧及？

我們是天主教學校，這種價值觀跟我們的真理、公義有很大關係，所以我們認為很適合在校內推廣。在知識框架方面，最重要是我們希望透過相關的知識，向他們教導一些概念。小朋友在小學階段，是否明白甚麼是「財分三份」？當你提到「財」，他會馬上想起金錢，但是原來「財分三份」是涉及三個「S」：一個是儲蓄（Saving）；另一個是消費（Spending），有些物品是我們必需要購買的，有些東西純粹是滿足我們的購物慾；最後一個是分享（Sharing），我們是否懂得分享，還是只是個人擁有？我們需要把這三個「S」放在學習上。當小朋友去消費的時候，如果他們認為想要就去購買，我們必須向他們強調：是否有這個需要？是否一定要購買？還是只是自己想要，可能只會用一次便丟棄？坦白說，在這個年代，我們不可能只為了需要而去購物，有時要為了身心健康而平衡兩方面，所以為了想要而去購物是可以接受的；但是我們要教導小朋友去思考，需要經過深思熟慮才去購物。在課程中，我們會有不同形式的學習，最主要是在態度上教導小朋友在購物時要比較不同店舖的價格，同樣的產品可能某間超級市場有提供，而另外兩間超級市場亦有相同貨品。小朋友傾向因為方便而直接購買，因為這些金錢並不是他們自己工作賺取得來的，所以要教育他們這方面的觀念。另外，我們

還要教他們做一個負責任的消費者——要去儲蓄。儲蓄需要時間，之後才能夠購買到想要的物品。如果他們有儲蓄的能力，那麼就十分好；有些小朋友可能只是想着即時享樂，完全沒有儲蓄，例如當有「利是」的時候便馬上去購物。這些計劃性儲蓄的方式，我們是需要教導的。

中國人的文化社會，我們從小有一個習慣——賺到了一百元，至少要儲蓄二十元。這跟西方做法有些區別，他們主張即時享樂。要做一個社會好公民，當自己能夠滿足個人需要的時候，會否有一些資源能夠分享、貢獻社會？我在網上也搜尋到一些理財教學資料，當中有一些很重要的意識帶給成年人及小朋友。幫助小朋友發展經濟意識，就像培養他們良好的衛生習慣般重要。良好的衛生習慣一般從幼稚園已經開始教育，這和小朋友的自理相關，理財教育也從小學習和討論的話會更加理想，因為這些跟他們的生活息息相關。

通過投委會的計劃，我們參與了香港中文大學的「才德兼備理財學校計劃」。在 2018 至 2021 年，我們是二十間參與學校中的其中一間，我們希望透過校長論壇這個平台跟大家分享我們的做法。首先是教師培訓，畢竟這是一些全新的課程，在多年前只有常識科，甚至是社會、健教、科學等這類型的科目，可見與理財相關的課程相對較少。作為老師，在教導小朋友之前，必須先透過不同層面學習，包括：學科課程、非學科課程、環境的佈置等。我們現在的教育面對很多層面的事情，有很多不同的課題，我相信教育工作者也希望理財能夠獨立成科，但是我們最怕一旦獨立成科便會牽涉課時和一些額外的工作。在這有限的時間裏面，再加上疫情期間學生只有半日面授課，怎樣在課時縮短的有限時間下實施？

國家安全教育也是很重要的一環，我們是否可能開辦國家安全教育科？小學現在已經開始教育生涯規劃，我們是否也可能開辦生涯規劃科？還有性教育也是十分重要，我們又是否能夠開辦性教育科？剛才說過的所有課題都很重要，包括理財教育，我們未必能夠開辦每一個科目，但我們相信學習知

識並不是這樣去分開每一個科目，反而是去整合每一個課程更為重要，所以我們希望透過不同計劃和備課，把理財概念放進不同科目裏面。接下來，我將會舉一些有關不同科目的做法的例子。

老師通常一開始實行新計劃時會考慮以高年級學生為對象，因為他們會比較穩當和機靈。三年級的暫時不考慮，因為他們要預備考 TSA，六年級則要預備升上中學。一般認為一年級學生剛入學並不是太機靈，有很多事情還未學懂，但是我們並不是這樣想。理財教育最重要是由小時候開始，我們希望從一年級開始去做，所以我們選擇了中文科的《便利店》這個課題去加入理財概念。在我們日常生活中經常會接觸到便利店，例如 7-11 和 Circle K，現在還有其他品牌和大大小小的便利店。我們可以把理財的概念放進去這篇課文，在教學中與學生做一些預習，讓學生找附近的便利店，詢問他們有沒有在那裏購物等問題，作為他們的預習功課。另外，又會向他們詢問在便利店購物的事情，例如在便利店購物有甚麼好處等，讓學生去思考。在便利店之外，超級市場也是購物的地方，我們會問：「在不同地方購物，同一類型食物的價錢是否相同？在哪裏購買會較為昂貴或較為便宜？」我們會先讓學生去了解和比較，還會跟他們說，為何同一件商品在不同的地方會有價錢差異。你不要小看那些年紀小的學生，透過老師的引導，他們會會超級市場面積較大，貨品選擇多元化，人流也相對較多，所以價錢較為便宜；便利店面積較小，貨品種類也較少，價錢相對較貴。不同商舖對同一貨品也可以自由定價，所以在購物前，最好先比較價錢。

除了便利店和超級市場外，現在購物的地方還有街市、一些小店和網上平台，這些他們都認識，例如在疫情之下，他們留意到父母經常在網上平台購物，能夠看到小朋友相比我們以前的眼界更廣闊。所以我們還舉辦了一些課堂活動讓他們參與，例如讓他們思考環保的聖誕慶祝方式，意思是當我們慶祝聖誕節的時候，可能會去購買禮物，但這個是否必須呢？又或是購買禮物的對象是誰？是否社會上有需要的人呢？同時，有沒有方法可以更環保？這些全部跟他們生活有關，這種課堂好像是一堂常識課，但會教導標點

符號、語言字詞等中文課堂裏面的內容，只不過是在科目裏面滲透一些理財概念和態度。在老師製作的工作紙上，我們會讓他們分開想購買的東西和需要的東西，讓他們分清楚哪些是他不需要的，又讓他們去超級市場做價錢記錄，這些都是跟日常生活息息相關的活動，可以豐富課題。

另外，在英文科和數學科，我們又有不同的課題，將剛才所說的三個「S」、「想要」和「需要」的概念都放進去課文當中，例如數學科會認識香港貨幣，帶出一些貨幣的價值和功能，或是比較價格、怎樣用精明的態度消費等概念。這些不是一些額外的課題，只是我們在課題裏面整合增強小朋友理財觀念的教學內容。我們嘗試通過不同科目，在現有的課程中進行，例如在英文科的工作紙上，他們要製作一個蛋糕，就要了解怎樣購買材料、怎樣比較價格，並且需要記錄價錢、有甚麼物品需要購買等。而常識科則更加直接，透過一個金錢管理的課題，教導學生善用金錢。工作紙上有記帳簿，教導學生如何記錄他們的消費狀況和消費模式。坦白說，這些我們以前沒有學過，但是現在的小朋友會透過學校去學習相關的概念。在學校的層面上，我們自行拍攝了一些影片，讓學生和家長能夠回顧課程內容，老師也會運用這些影片進行教學。

除了滲入各科目裏面的課題學習之外，我們也做了德育和公民的大課題，運用了一個故事繪本劇場，名為《我的第一隻小豬撲滿》，透過說故事和一些實體活動，把理財概念教導給學生。通過這個活動，學生可以認識到工作是能夠獲得金錢的；當得到了金錢，可以怎樣使用或是小心利用等概念。我們當天並不是只有說故事，也不是單向的講解，裏面有很多不同的遊戲，我們透過這個大課題讓他們認識理財的概念，很久沒有看到小朋友這麼高興了。他們當時在參與甚麼遊戲呢？他們會扮演一個搬運工人，要搬運貨物，達到目標、完成任務後就會獲得金錢，讓他們儲蓄。例如去到 A 地方儲蓄兩元，B 地方儲蓄三元。小朋友參與一些故事和活動讓他們身體力行去體驗，這是一個很好的方法。小朋友在過程中的反應非常正面和高興。故事書的內容提及小豬是一個錢箱，教導他們如何儲蓄，過程中最重要是告知小

朋友 —— 當我們購物時需要付出金錢，努力工作才能獲得金錢，所以我們需要儲蓄，不可以胡亂花費。

另外，學校教育都會遇到一些困難。有時我們的教育同工下了不少工夫，包括課堂教學，例如我們剛才提到的活動或是非學科的課程，但是都比不上一樣東西 —— 傳媒效應。我們要以傳媒的方法應對小朋友，原來小朋友喜歡聆聽和觀看，所以我們製造一些小短劇，由小朋友和老師一同創作和拍攝。當中還有歌曲，我們邀請到小朋友很喜歡的兒歌天后紫昕姐姐獻聲。我們有三首歌曲，在第一首歌曲裏面會聽到一些訊息，例如小心使用金錢、要自制，我們將最重要的元素放進歌曲。而第二首歌曲，就是講到剛才所說的三個「S」和「財分三份」，把「財分三份」、怎樣去儲蓄和消費的概念放進歌曲，希望他們能透過歌曲增強記憶。第三首歌是關於一些理財品德的，裏面提及自制、精明消費，這些是十分重要的品德，將情意詞語放進歌曲裏面，希望小朋友都能夠謹記這些重要的品德。

我們再講解一下教師工作坊。剛才提及過，老師也需要認識理財概念。投委會的成員、香港中文大學的同事，還有我們全體老師都參與了一個關於理財教育的教師工作坊。透過不同活動，讓老師感受和思考自己的理財狀況，有時成年人也未必做得恰當。談到理財，老師一般只會想到儲蓄，甚至家長也有這樣的想法。當想到投資、儲蓄和購買樓宇這三個方向時，他們就會認為這些跟小朋友無關，但是透過這個工作坊，他們就能夠知道 —— 原來不單只是處理金錢，還要考慮怎樣培育下一代，讓他們有一個精明消費的概念，還有誠信、怎樣好好運用金錢、怎樣去幫助別人等，都是十分重要的。

同時，學校也舉行了標語創作比賽，我們把這些標語放在不同位置，展示給其他學生看，讓小朋友思考一下得獎作品的標語。因為在創作過程當中，他們會回想到當時在課堂上學到的理財知識和品德情意，例如「物慾無窮盡，金錢要慎用，儲起作備用，需要時善用」。我們還要求學生寫週記，

老師會讓他們記述理財的事情，例如購物的過程會否想到「需要」和「想要」的概念、有沒有想過應該怎樣去購買等。我們亦設有環境佈置，透過不同的展示屏、樓梯空間把標語張貼出來。

我們也參與了一些校外活動，例如由投委會舉行的「我是聖誕老人」大挑戰，我們的學生還得到獎項。這個活動以親子形式進行，好讓小朋友跟家人一同參與，因為理財不能夠只靠學校和小朋友，家庭對於學習理財觀念也相當重要。過程中，參與的學生無論得獎與否，也能學習到很多，活動亦有理財活動手冊，相關資訊都可以在投委會的網站中獲取。雖然老師很忙，工作繁多，但其實社會上還有很多有心人希望把理財教育做好，他們在背後已經下了不少工夫，只要我們小心篩選校本課程的內容，就會發現有很多理財的活動或是理財教材套裝可以使用。即使是利用新年的「利是」，也可以加到理財學習中。新年的理財活動，我們全校都有參與，我們將一些講座的短片發送給家長；亦會有一些「故事爸媽」每星期到校，向我們的小朋友說故事，我們也會選擇一些跟理財相關的故事書跟小朋友分享。

最後，我很感謝大家，關於理財教育的分享，其實是可以互相討論的。今天分享到這裏，謝謝。

精華片段回顧

道德與文化智能

陳家偉校長

新界婦孺福利會梁省德學校校長，曾任優才（楊殷有娣）書院小學
部校長，德萃教育機構幼、小、中教育總監專責全人發展。

大家好，謝謝大家參與校長論壇。首先我想多謝莫培超校長的介紹令我
有機會參與是次論壇，還要多謝陳超英女士的邀請。

今天想跟大家探討一個跟生命教育、中國文化有關的話題。有一個目
標，就是希望探討「文化智能」到底是甚麼。我們都認識「德、智、體、
羣、美」五育。智育，是家長和老師最關心的一項。我們知道 IQ 是智商、
智能或是智慧；另一方面，也有 EQ 情緒智能，跟人相處時比傳統的 IQ 更
為重要。後來發展為多元智能，產生了很多「Q」和「intelligence」，到底有
沒有可能歸納成為一個智能？

我認為文化有着無數的定義，我也嘗試說出我對文化的看法。其實文化
就好比一條很長很長的河流，自古至今，乃至未來，這條河流仍然會不停流
動。當然河水會有或多或少的時候，會出現支流，河流亦會改道，所以文化
是活的，是富有生命力的。文化是一點一滴凝聚而成的，由一條小溪變成了
一條小河流，然後一步一步變成一條大河流，最終流進大海。文化需要適應
氣候變化和時代變遷，最重要的是能回應時代，讓我們能鑒古知今。你會發
現中國地圖中有水的地方就有文明，北方有黃河，南面有長江，中間還有洛
水和淮河等等，所以中國文化是十分多元化的。除了殷墟甲骨文外，也有三
星堆等，我們發現原來文化是同步同時，在不同地方產生的。

說到這裏先介紹一下自己，讓大家多認識我一點。我在香港出生，生肖屬蛇，蛇，本身比較靈巧。我爸爸的名字是陳友德，其實他在族譜裏面的名字是陳景弘，他來到香港後為自己改了名字。我媽媽本來在上海的時候叫郭成君，但是來到香港後，她也改了名字叫郭文賢。這兩個名字並不普通，現在我五十多歲才發現他們這兩個名字 ——「友德」和「文賢」，就是我一直在追求的東西。之前提及過文化，我們是需要尋根的，例如我到底是從甚麼地方來的，背後有甚麼文化元素。原來我是潮州人，祖籍在潮安。潮州是一個文化名城，因為唐朝時一個十分有名氣的大文豪 ——「文起八代之衰」的韓愈被貶來潮州。香港有一位十分有名氣的潮州學者饒宗頤先生，文史哲藝都非常出色，令我因身為潮州人而感到驕傲。我祖父的名字是陳素，他是一位有文化的人，曾在民國時期擔任文官。為何我需要了解這些事情？因為要了解自己，就需要由我們的上一代逐步了解。說回我自己，我的英文名叫Michael，一方面因為我很喜歡關正傑（Michael Kwan）的歌，另一方面，當時有個打網球十分厲害的人叫張德培（Michael Te-pei Chang），於是我去英國讀書時，便為自己取了個英文名 Michael。但一兩年前，我信奉天主教，受洗後聖名取為 Joseph。為何我提到聖名呢？因為我相信人的發展除了有八大智能外，還有文化智能，甚至有宗教及心靈智能。

　　我最喜歡閱讀和寫作，可說我是一介書生，當中最喜歡的是國學，國學博大精深。我的人生座右銘就是「天生我才，自強不息」，前者來自李白的「天生我才必有用」；後者來自《易經》的乾卦「自強不息」。我成為資優教育校長已經二十年，我的看法是，所謂的「天才」或一個出類拔萃的人，大概有一半是天生的，是上天賦予你的。在天主教的角度稱之為「塔冷通」（Talentum），是一份禮物（Gift）。你怎樣把這份禮物變成真實的、實在的，就要自強不息。

　　常說「四十而不惑」，但我四十歲時仍感到十分疑惑，究竟人生的意義是甚麼，五六十歲後想做甚麼呢？中國文化是一個尋找根源、尋找生命意義的旅程。我相信任何人到了某一個年紀，都會有一些想法 —— 到底自己營

營役役在做甚麼，或是我還有沒有發展的空間？如果說到文化，不同人都會有這樣的想法，尤其是哲學家，他們尋求確實的原因和道理，其次是心理學家，他們也會嘗試去尋找答案。另外還有科學家、宗教家、文學家，他們都是在尋求人生的意義。在這個過程中產生了很多觀點，例如有宇宙觀——為甚麼會有這個世界？是否有造物主？這個宇宙到底有多大？另外也提到生死觀——我們死後會怎樣呢？為何我會出生於這個家庭？接着，讓我說一說實際一點的人生觀。我經常開玩笑地說，我希望有七十至八十歲的壽命，不會太短或太長，不過這些不要隨便說，免得一語成讖。接着又說一說價值觀——為何要有陳家偉？陳家偉為這個社會帶來災難或是幸福，還是平平無奇，猶如一隻螞蟻？從事教育必定要說到教育觀——我們怎樣看人呢？人性本善，人性本惡，人性本無善無惡，還是人性本有善有惡？這個議題爭論不休。

有一個詞彙需要用英文演繹——「ultimate concern」，意思是深信不疑的最高價值，即是我們常常說到的終極關懷。「我從何而來？我死後何去？我為何而生？」這三條問題也是不同文化和思想家所探究的。終極關懷包含了數種東西——人類應該怎樣生存？人與人之間應該怎樣相處？當然會有跟同事之間的摩擦，跟太太有不同的看法，例如是否移民、要否搬屋等等；亦包括人類和大自然的關係，地球暖化，現在是初冬，但下午就像炎夏。而人類最終的關注都是從自己開始，是否應該進修？還是先關注學校工作？至於家庭，小孩子長大了，是否需要轉校至國際學校？關於社會，是否應該投票？投票給哪一位？還有很多事情也與我們有關。

最後我想說的是聖人和智者。這個世界出現了很多優秀的人，有名氣的哲學家、宗教家、文學家、科學家等等，有幾位我認為特別出色，他們開啟了人類思維的源頭。世界有四大文明古國，分別位於現在的中國、印度、埃及、伊朗和伊拉克一帶的地方。有一些地方的氣候可能較為適合人類聚居，從而能發展文明。重要的是，人類還有「四聖哲」，這稱號來自於一本書。原來這個世界有四條主要的思路，這些思路跟所屬地方的歷史文化和氣

候有關。「四聖哲」分別是佛陀、孔子、蘇格拉底和耶穌，這幾位聖哲把過往的經驗總結，提煉到某個高度，影響十分深遠。佛陀認為人生無常，追求解脫；孔子積極入世；蘇格拉底透過理性分析關注生命；耶穌透過信仰去交託生命，四條思路都有其優勝之處及局限。

心理學家 Martin Seligman 試圖找出生命的普世價值，於 1998 年提出「正向價值」（Positive Psychology），總結了六個普世品德（6 Universal Virtues），細分為二十四個性格強項（24 Character Strengths）。這個學說雖未完全成熟，但已引起學界廣泛的關注及討論。Howard Gardner 於 1983 提出「多元智能」（Multiple Intelligences），包括語言智能、音樂智能、空間智能、內省智能、數理邏輯智能、身體動覺智能、人際智能七項，於 1992 年多加了一項「自然智能」。後來他還想加多項「存在智能」，不過並不成功。我個人認為他不應該放棄，尚未去到「存在」這大問題前，可以多加一項「文化及道德智能」，因為每個民族或國家都有其既有的、為大眾所認同的價值觀。

說到「文化智能」，我們應該先了解自己國家的文化，然後再擴展出去，了解其他國家的文化。中華文化源遠流長，由三皇五帝到當代，影響深遠。我個人認為夏、商、周三代是中國文化的基石，尤其是周朝。周朝是歷史上最長久的朝代，而且總結了中國最主要的思想。商朝最後一個皇帝是商紂，他的德行十分差劣；另一方面，在商朝的西面有一位很有德行的人，名為古公亶父，民心嚮往，漸漸令周氏諸侯強大了。商紂十分擔憂，於是捉拿諸侯姬昌並軟禁他。不過周人最終以小勝大，在牧野一戰把商紂擊敗。周氏得到天下以後有「憂患意識」，反思為何商朝會滅亡 —— 原來人沒有德行、不思進取，就會導致亡國，即使他有很強大的軍隊也會失敗。周朝將國家和德行連上關係，不會過分迷信，「善易者不卜」，最重要的是個人修行。《周易》就是說出這一個道理，卦由爻組成，六支爻分別代表天、人、地，人的影響力十分之大。奠定整個周朝文化基礎的是周公，他制禮作樂，還制定宗法制度和井田制度，來輔助封建制度運作。到了春秋時代，孔子繼承了周公

的思想，把複雜的禮儀、繁文縟節化成了一個很重要的詞語，名為「仁」，即人的心，開啟了中國文化的最核心思想。

孔子有幾個信念，首先是「未知生，焉知死」，換句話說就是今生才是最值得我們重視的。另外，孔子回覆學生說：「未能事人，焉能事鬼神？」這是十分人文主義（Humanity）的，十分人性化。未做好自己，未與人好好相處前，不必談拜祭鬼神，幫助並不大。孔子很少責罵人，但他曾經責備宰予「朽木不可雕也」，因為宰予雖優秀卻很懶散，恃才傲物。因此「日乾夕惕」十分重要，即是早上至晚上也十分勤奮，不敢懈怠。中國文化精神「重當世，輕來生」、「信自己，淡宗教」，不語「怪、力、亂、神」。

剛才提到西周的三大制度，當中宗法制度使我們非常重視家族，「孝」跟血緣有莫大關係。孟子說「不孝有三，無後為大」，如果沒有後代，就等同歷史長河中斷、堵塞。「孝」是家族觀念，「忠」是國家觀念，兩者都是中國的核心價值。到了春秋時代，孔子提出了「仁」，仁是很複雜的，孔子沒有直接說甚麼是仁，他只解釋了甚麼是近仁，或者是守仁。到底要守多久？顏淵說「三月不違仁」已經很困難，子路、子貢說只能守兩三天。到了戰國時代，孟子在「仁」、「義」、「禮」的基礎上，增加了「智」。到了西漢初期，董仲舒再增加了「信」。漢武帝獨尊儒術，所以「仁義禮智信」，就這樣成為中國的五常之道。

《易經》原是本占卜的書，孔子鑽研《易經》並賦予它道德的意義。《易經》英文譯為「The Book of Change」，因為它是談變之學，個人、社會、國家不斷變化，而「萬變不離其宗」，核心價值不變、宗旨不變。天下的所有事物都是由乾（陽）坤（陰）組成。「天行健」，地球自轉形成日和夜，公轉形成四季，事物都有一個軌道，形成一個循環。「地勢坤」，大地厚德載物，大海裏的魚是免費的，大樹和蔬菜也是免費的，大地已經給予了你，只是全球人類都在濫用地球的資源。「健者，天也、勤也、剛也；坤者，地也、德也、柔也」，與人相處也是如此，不能太剛強，也不能太柔弱，乾坤需要不斷轉化。

中國文化能給予我力量，文天祥、張載、孟子都能給予我力量，因為我知道他們在歷史上是真正存在過的、真正有過影響力的。信仰也能給予我力量，所以文化智能再往上一步，就是信仰或是心靈智能。這些難以證明，但是當自己能夠靜下來的時候，便可以體會得到。我相信孔子說的「六十而耳順，七十而從心所欲，不踰矩」是較容易達到天人合一的境地。天人合一的境地有兩種看法，一種是人類跟大自然融和，另一種是人類跟神的關係和諧。這些 Howard Gardner 未能處理，Martin Seligman 也未能處理，唯有自己再多思考一些。今天的分享差不多了，多謝大家。

精華片段回顧

生命教育 Magic Talk

莫培超校長（下稱：莫）

教育碩士，從事教育超過三十年，曾任幼稚園及小學校董，現任聖公會奉基千禧小學校長、香港資助小學校長會會籍主任及香港學界體育聯會九龍南區小學分會執委會義務司庫。

田少斌校長（下稱：田）

任職教育超過二十五年。因中學時曾遇上幾位影響自己成長的老師，於是立志要投身教育，希望也能成為別人的力量和溫暖。在踏上校長之路上，曾擔任中文科主任、課程、訓育、學務、教務、總務，以及副校長。兩年半前學習生命教育，當接觸到「薩提爾模式」(Satir Model) 時，覺悟過去自己的應對姿態，影響自己的成長和待人處事，曾以為教育除了關懷，還應該要「指責」、「講道理」、「懲罰」才能改變學生，但現在卻認為，教育是要讓孩子感到被尊重、接納、愛、自由，讓學生看見自己有價值。現在是聖公會聖提摩太小學新任校長。

莫：各位校長，各位同工，大家好！今天很高興來到校長論壇與大家討論——究竟生命教育 Magic Talk 是甚麼東西？

田：上半場陳博士的分享與我們這個環節的話題能互相呼應。陳博士提到「天人合一」，即是我們的心靈和內在，與我們如何能夠達至和諧。我們今天下半場所討論的話題，陳博士都有提到，就是宗教與心靈智能。在生命教育當中能否用得着呢？絕對用得着。今天我會與大家一起分享。

莫：田校長，在現在的疫情下，我們發現學生雖然只得半天回到學校學習，但出現的問題都頗多。

田：我們經歷了兩年疫情，校長及各位同工都很明白，學生已習慣對着手提電話、平板電腦等，變得很容易分心，可謂我們已進入了一個分心的年代。學生對着屏幕，看着老師，又要與大家互動，帶着口罩都不知道該如何與人交談，同時又要保持社交距離，專注力也差了很多，還有很多情緒方面的需要。

莫：是的，尤其情緒需要，學生的情緒會直接影響他們學習的態度和表現。我相信這個問題不單在我們兩間學校會看到，其實很多教育界的同工都有相同的感覺。

田：這是很普遍的情況。我們很重視生命教育、價值教育，大家都知道生命教育發展了很多年，莫校長你可否與我們分享一下這個歷程？

莫：在香港發展生命教育，最早期是由中學開始的，可能是中學生在學習上所承受的壓力較大、青春期面對更多困惑和比較早熟的緣故。不過，時代急速變遷，時至今日，相信許多同工都不再認同這個看法了。近日我們看到社會上有很多年輕人輕生的不愉快新聞，發覺今天的學生不分年紀，即使是小學生也有很多情緒問題。香港在 1996 年已開始在中學推行生命教育，後來發展到大專院校，甚至教育局也一起參與，不論是在學校或機構都舉辦了很多生命教育的課程，轉眼間差不多已有二十多年歷史了。今日我們仍然在推廣，因為生命教育是一個無止境的歷程，沒有期限，只有按時代的需要而不斷優化，現今重視的是長遠的規劃和有系統的發展。還有一點大家可以留意的是，生命教育的對象以前可能只是學生，但其實不單只學生，其他持份者也是很重要的一環。要推行生命教育，涵蓋面非常廣泛，包括學生、家長、老師和校長。

田：如果校長本身沒有正向價值觀，就很難把這個正向價值觀一層一層推展出去，所謂「生命影響生命」。莫校長，請你與我們分享一些理論和實踐的框架，以及貴校的理念如何推動生命教育。

莫：落實執行有很多層面，例如剛剛所提及的持份者。以小學為例，我們如何能夠讓小學生接受，這都是一門藝術來的，因為中學生與小學生的心智年齡不同。我剛剛提過，香港的生命教育早在 1996 年已經開始在香港「開花」。當時香港的生命教育主要集中在四個不同範疇，第一個是「社」，第二個是「身」，第三個是「心」，第四個是「靈」。

「社」的意思是，在我們推廣生命教育的同時，我們要結合整個人的羣體，包括同學與同學之間、同學與老師之間、同學與家長之間，甚至同學與整個社會之間；第二是「身」，「身」是注重學生的生理變化，例如讀書時體魄不好會影響精神，所以生命教育與我們的身體都有關係；第三個是「心」，關注學生的自我了解、自我認同和自我實現；第四個是「靈」，尋求生命、自然、宇宙和宗教的意義。

今日我知道田校長帶了一些理論與大家分享，可否把你的理論結合我們學校的日常操作，或者以日常的實際例子，跟我們講解一下如何令到生命教育更加「Magic」？

田：我跟大家分享，我自己學習了「薩提爾模式」（Satir Model）。「薩提爾模式」很有趣，它是講求轉變成長模式，它不是一個分析類型學派，而是透過體驗去經歷自己的轉變，從而認為人是可以轉變的。「薩提爾模式」來自於維琴尼亞・薩提爾（Virginia Satir），她是一位公認的家庭治療師，大家可能有聽過她的「冰山理論」。常言道：「你只是看到冰山的一角，看不到它下面發生甚麼事。」薩提爾經常提及冰山圖，這圖很有名，很多人都認識，其實想表達甚麼呢？我們每一個人的內在到底發生了甚麼事情呢？

莫：很多時候，我們只是見到小朋友的表面，可能是日常的行為或學習的表現，例如功課做成怎麼樣。但無論功課做得多好，或者做得多差，背後都會有一個故事。這個故事是不是就是「薩提爾模式」所說的冰山底層？

田：冰山只是一個隱喻，不是人人都有一座冰山，這個隱喻是指人大腦的構成和人內在的一個程式。冰山的底部有「感受」、「觀點」、「期待」、「渴望」，最深層的就是「自我」。例如小朋友有情緒困擾，表面上他沉迷上網、玩遊戲機，但這只是冰山的一角，而冰山的底部會有甚麼感受呢？我們往往很想解決小朋友不想學習這個問題，但「薩提爾模式」會問：究竟他的內在發生了甚麼事？我會想：這個小朋友的冰山之下會是甚麼？

我舉個例子，例如小朋友很沉迷玩遊戲機，其實他的感受是甚麼？可能是無聊、孤單、寂寞，或是他追不上學業，感到很挫敗，不知如何面對這些事情。他的觀點又是甚麼呢？「我的成績不夠好，讀書那麼辛苦，那麼大壓力，不如玩遊戲機抒發一下，還可以擁有一羣朋友。」這是他的觀點。他的期待是甚麼？期待有成功感，在玩遊戲機的過程中可以獲取很多分數，亦期待自己有能力。而他的渴望會是甚麼呢？其實他希望自己能夠有價值，他在讀書或在家中找不到自己的價值。最深層的自我是甚麼呢？可能覺得自己不夠好。

很少小朋友會說：「沒錯，我就是很喜歡玩遊戲機。」其實他們也很想戒掉這個習慣，但他們沒辦法擺脫，我們往往只叫他試試 —— 試試定下時間、定下目標。而實際上，可能他更想你了解他內在發生了甚麼事情。當我們看見他的冰山時，要連結他的內在，這樣能幫助小朋友認識自己，也讓老師更了解學生。當看到小朋友有學習散漫、不喜歡做功課，甚至在課堂上有情緒等表徵時，我們要從不同角度去了解孩子為甚麼會這樣，而不是懲罰學生就等於解決了問題。

「感受」亦很重要，但人不容易重視感受。其實不只小朋友，大人都一樣，我們都對感受很陌生，可能不想觸碰它。其實我們可以從感受入手去幫助小朋友。

莫：平靜心是很重要的，我們與小朋友相處時，可能會看到他有一些負面的行為，繼而牽動到我們的情緒。我們教育界很多時候都講到「靜觀」，在靜觀中可以學到「頌缽」——透過一些聲音去放鬆我們的腦袋，讓腦袋慢慢平靜下來，我們的心境也會慢慢平靜下來。當我們處於一個休止的狀態時，我們觀望事情都會特別清晰。同樣，我覺得對待小朋友都是這樣，我們要將自己平靜下來，不要給怒氣掩蓋理智，然後慢慢去了解他們內在的需要和感受，這樣我們才能幫助到他們。無論是家長、老師，抑或是我們校長也好，在任何時候我們都要讓心境平靜下來，這樣才可以做到更為有力的事情。

田：家長很想小朋友成績好，或者各方面都有好的表現，除了智力外，小朋友都需要學習保持平靜。我們可以讓學生認識大腦功能——大腦有一個部分叫「杏仁核」，一個部分叫「前額葉」。當我們受到外圍的刺激，情緒就會從杏仁核爆發出來；覺得外面有危險，便透過情緒來保護自己。例如憤怒，這個情緒告訴你，要產生能量去抵禦外面的危險；又例如驚慌，會讓你更加謹慎、更加小心。不過，如果杏仁核不斷引發情緒，反而讓我們無法作出一個理性的判斷，於是我們要學習怎樣運用前額葉，透過理性分析或者呼吸去平靜自己，教導學生如何駕馭情緒，這是生命教育的一門功課。

莫：我們學校推廣生命教育的時候，都是由「知」和「行」兩方面做起。「知」——除了讓我們的小朋友知道自己的狀況外，我們都需要老師知道究竟小朋友的情緒是怎樣發生的。因此，我們在推廣整個生命教育的過程裏，讓每個老師一起學習，再把所學的實踐到學生身上，透過課程和活動一步一步推展下去。

這個「知」一點都不簡單，因為生命教育這個課題不是一紙理論。在「薩提爾模式」裏，或者我們可以得到啟蒙——在推動生命教育的過程中，很多時候都是要體驗的。體驗式學習不是只講一些道理給你聽，

你就會變得很正向。那麼我們應該如何做？那是要有老師、有很多培訓才能做得到，還有重要的一環，就是家長。家長的培訓、親子的教育，同樣都是很重要的。所以在整個過程裏，如果我們要推廣生命教育，不能缺乏三種持份者——學生、家長和老師，他們都是「知」的對象。

「行」又會是怎樣呢？「行」即是實踐，即是一步一步給予學生知識，讓學生知道如何控制自己的情緒，或者了解生命的意義，讓他們學會堅持，遇挫折時不至於失落；讓他們學會正向看待每一件事，這同樣重要。在這裏，我先與大家分享一個大圓圈與小圓圈的故事：

我曾經在醫療室遇到一位同學，他感到頭暈和頭痛，我問他：「為甚麼你會頭痛呢？」同學回答：「其實我已經痛了很久。」「為何會痛？是否功課太多？考試快來了，是否因為考試的緣故感到很大壓力？」我問他。這個小朋友回答說，不是這個原因，原來是他很擔心哥哥，因為他的哥哥在學校被很多同學取笑，他覺得哥哥很可憐。

孩子的擔心變成頭痛的根源，他的壓力和緊張情緒不是來自自己，而是來自哥哥。不過，後來我知道他的哥哥根本沒有被人欺負，一切只是弟弟的誤解，把一個小圓圈放大，變成了一個大圓圈，就好像把一個緊箍咒放在自己的頭上。故事很簡單，但當中存有道理。生命教育在我們面對困惑時，幫助我們找出解決問題的方法。我們要先教曉學生尋找問題根源、把事情放輕，這是減少焦慮的先決條件。

圓圈輕了，就要跟他談談如何把大圓圈變回小圓圈，可以跟他說：「既然你那麼疼愛你的哥哥，你會不會在這個聖誕節找個方法表達你對哥哥的愛？會不會製作一份小禮物給他？」如果我們能把情意「滲入」圓圈，讓負面情緒變成正向情緒，對孩子有很大的益處。老師處理小朋友的個案時，需要花一點心思、智慧和變通一下思維。

田：我學習「薩提爾模式」時亦很重視對話，也推動對話。透過對話，可以讓小朋友察覺自己想到甚麼、有甚麼情緒、期待着甚麼、內心到底發生了甚麼事。

莫：我校這兩年積極推動生命教育，除了「知」和「行」之外，第三個就是「羣」。「羣」的意思是「共行」，我們要與同學一起「行」，他們想去哪裏，我們就陪伴他們去哪裏，了解他們所憂慮的，以及他們今天所面對的問題。當我們知道小朋友究竟出現了甚麼問題的時候，我們能幫助他們的方法就更加多，也能從他們的角度找到一個正確的方法。

第四個元素就是「心」，「心」指心靈的支持。我們剛剛都提及過，宗教教育的培養也很重要。現在雙職家庭比較多，家長照顧小朋友的機會減少，甚至可能很晚才回到家，小朋友很多時候在生命或者生活上遇到問題，都只能孤單地面對，尤其是獨生子女。這麼小的年紀哪有那麼多的能力去解決問題？我校就有一套一至六年級的祈禱課程，同學可以透過禱告的力量，與上帝交流，從而得着平安，抒發自己內心的一些壓力。

田：所以我們會推動並引導學生去自我覺察。首先，我們會培訓老師學習自我覺察，例如：現在這一刻，各位在場的朋友，你們的感受是甚麼呢？現在大家的皮膚有甚麼感覺呢？大家的坐姿坐得舒服嗎？你的呼吸是怎樣呢？心跳又怎樣呢？除了身體有覺察，內心都可以有覺察。現在你的情緒是怎樣呢？你有沒有擔憂的感覺呢？今早有沒有發生了一些事情引致緊張呢？我們很少去觸碰感受，不妨在這裏覺察自己當下的感受。留意呼吸就是練習覺察，感受我們的呼吸，甚至我們可以控制我們的呼吸，例如吸氣三秒，呼氣八秒。

上半場陳博士與我們分享了智者的三個問題。在「薩提爾模式」裏也有三個問題，我們可以透過自我覺察去思考這三個問題——第一個是「我是誰？」，我們可以透過呼吸去思考「我是誰」。如果你覺得緊閉雙眼能

讓你容易進入思考，你可以緊閉雙眼，或者睜開雙眼都可以；第二個問題是「我是怎樣體驗我自己呢？」；第三個問題是「我是怎樣自己去創造一個經驗，來讓自己快樂、讓自己成功、讓自己健康？」。

我們還可以覺察自己的應對姿態。在冰山裏有四種姿態：第一種是「討好」，就是「我不關注自己，我只想關注別人，只想討別人歡心」，即是「好好先生」、「好好女士」；第二種是「指責」，只管責罵別人「你做得不對，我才是對的」；第三種是「超理智」，不會關注自己，也不會關注別人，只關注事情的道理，一味說很多道理；第四種是「打岔」，他人、自己、情景三者都不關注，只選擇逃避問題，傾向說說笑話，一笑而過。我們不妨回想一下今天自己的應對姿態。

在此向大家分享「6A 自我對話模式」，第一個「A」是覺察（Aware），第二個「A」是承認（Acknowledge），第三個「A」是允許（Allow），第四個「A」是接納（Accept），第五個「A」是作出行動（Action），第六個「A」是欣賞或是感恩（Appreciation）。實際是怎樣呢？例如，作為老師我看到學生在玩遊戲機，我有些憤怒。如果我駕馭不到自己的情緒，可能會責罵他。此時，我覺察到自己有點憤怒，我承認我有憤怒，然後深呼吸一口氣，我允許這個感受走出來。同時覺察到身體很熱，接受自己這一刻還未做得好，有情緒是可以的。然後我轉化自己，決定要懲罰學生。最後，我也欣賞自己很認真以及不放棄。我介紹 6A 的自我覺察方法，並套用在生命教育裏，老師可以引導學生安頓自己的內在。不如又問問莫校長，貴校推廣生命教育很成功，可否與我們再分享多些貴校是怎樣實踐生命教育的呢？

莫：「行」就是去實踐生命教育，這方面是要整體地去做的。首先，要使學生具體感受得到「別人是怎樣看待我，我就要怎樣去看待人」。這個過程是互動的，因為愛是可以互相感染的。課室可以營造氛圍，例如一個以「Sweet Home」作主題的壁報，把同班小朋友的相片展示出來，營

造一家人的感覺，歸屬感便油然而生。整班同學的照片在同一個地方出現，是一條線的整體，連繫着心與心。倘若有甚麼事情發生，或者做得不夠好，同學會明白到這會影響一個整體，大家就會認真去做，愛護這個「家」。又例如在生日或考試的日子，可加上一些加油的語句，讓學生明白關心的不只是老師，同學之間都能互相支持、互相鼓勵。所以各位同工，如果你是推廣生命教育的領導，請不要忽視課室的佈置和環境陳設，讓學生的內在感覺到「我是被愛的」。老師身處環境當中，學生是感覺到安全的，老師的正向有助學生提升他們的內在感受，累積正面的自我價值。每天學生回校時，都知道有人會關心「我」，被愛包圍着，自然覺得有存在的價值。

田：推動生命教育，老師最重要，因為老師是以自己的生命去影響別人，所以課程可以有不同策略、不同工具，但老師要有正向的內在，才能發出正向的言語行為。我們時常說：「先從愛自己開始。」所以，在推動生命教育時，「薩提爾模式」是內功心法——你內在夠穩定、夠平靜，就能夠散發出正能量，用正向的言語和行為去感染學生，但這不簡單。首先，我們可以先學習「乒乓球式」的對話，用「好奇」去展開，不給予建議、道理，亦不指責。就好像剛才莫校長說的，「你為甚麼頭痛？」「發生了甚麼事情？」「原來你哥哥是這樣。」這種對話，我們特意不去找答案，只是純粹對這個小朋友好奇；透過好奇，就會帶出覺知，但要做得到並不容易，需要經過學習。

莫：最後作一個總結，生命教育要「共行」，一個愛的教育其實要有我們的家長、同學和老師一同參與。另外，今年我校設立了一個祈禱牆，在宗教科滲入祈禱課程，讓學生學會祈禱，希望滿懷心事的學生在祈禱牆前，透過祈禱抒發自己內心的抑鬱。在圖書館裏，我們有一個生命教育的繪本角，小朋友可以透過繪本的故事認識生命教育。在操場裏，我們有生命教育徑，徑上有很多展板，展示生命勇士的故事，同學可透過 iPad 掃瞄 QR code，看到生命勇士如何自強不息，即使處於逆境都能

夠戰勝困難。這些生命故事間接植入了「人生就是要奮鬥」的概念，雖然艱難，但仍然可以活出意義來。我們的生命教育，就是活出意義！

田：我想補充一點，無論有沒有宗教信仰的學校，都可以推廣「感恩」。當你心存感恩的時候，其實是讓你內在萌生出正向的價值觀。最後我想總結一下，「薩提爾模式」有句話是這樣的：「我們所遇到的問題，並不是問題；我們如何應對，才是真正的問題。」我們往往很想解決學生的問題或者把事件圓滿解決，但生命教育的初心，其實是更加希望靠近小朋友的內在、靠近他們的內心。

精華片段回顧

◎ 責任編輯　梁潔瑩　夏柏維　劉萄諾
◎ 封面設計　高　林
◎ 版式設計　鄧佩儀
◎ 排　　版　陳美連
◎ 印　　務　劉漢舉

校長論壇選萃

教育思想之嬗變 ⋮ 2020 2021

中華書局教育編輯部　編

出版｜中華教育

香港北角英皇道 499 號北角工業大廈 1 樓 B 室
電話：(852) 2137 2338　傳真：(852) 2713 8202
電子郵件：info@chunghwabook.com.hk
網址：http://www.chunghwabook.com.hk

發行｜香港聯合書刊物流有限公司

香港新界荃灣德士古道 220-248 號荃灣工業中心 16 樓
電話：(852) 2150 2100　傳真：(852) 2407 3062
電子郵件：info@suplogistics.com.hk

印刷｜美雅印刷製本有限公司

香港觀塘榮業街 6 號海濱工業大廈 4 字樓 A 室

版次｜2023 年 5 月第 1 版第 1 次印刷

©2023 中華教育

規格｜16 開（210mm x 153mm）

ISBN｜978-988-8809-75-2